Em Nome de Deus,

UM BREVE GUIA ILUSTRADO PARA COMPREENDER O ISLÃ

Informação de publicação do livro,

A Brief Illustrated Guide To Understanding Islam

I. A. Ibrahim

Tradutora: Maria Christina da S. Moreira

Editores Gerais:

Dott. William (Daoud) Peachy
ichael (Abdul-Hakim) Thomas
Tony (Abu-Khaliyl) Sylvester
Idris Palmer
Jamaal Zarabozo
Ali AlTimimi

Editores de Ciência:

Professor Harold Stewart Kuofi
Professor F. A. State
Professor Mahjoub O. Taha
Professor Ahmad Allam
Professor Salman Sultan
Professore associato H. O. Sindi

Darussalam
Londres

Direitos Autorais

Para Reimpressão

O Site Desse Livro

Este livro na integra, como também mais informações sobre o Islã, estáo disponiveis on-line em:

www.islam-guide.com/pt

Primeira Edição – Primeira Impressão

ISBN: 978-9960-52-233-3

Publicado Por Darussalam, Publishers e Distribuidores, Londr U.K.

CONTEÚDO

Capítulo 3
INFORMAÇÃO GERAL SOBRE O ISLÃ........ 45

PREFÁCIO

Esse livro é um breve guia para compreender o Islã. Ele consiste de três capítulos.

O primeiro capítulo, **Alguma Evidência para a Verdade do Islã,** responde algumas questões importantes que algumas pessoas fazem:

- O Alcorão é verdadeiramente a palavra literal de Deus, revelada por Ele?
- É Muhammad ﷺ [1] verdadeiramente um profeta enviado por Deus?
- É o Islã verdadeiramente a religião de Deus?

Nesse capítulo, seis tipos de evidências são mencionados:

1) **Os Milagres Científicos no Alcorão Sagrado:** Essa seção discute (com ilustrações) alguns fatos científicos recentemente descobertos mencionados no Alcorão Sagrado, que foi revelado há quatorze séculos atrás.

2) **O Grande Desafio de Produzir um Capítulo como os Capítulos do Alcorão Sagrado:** No Alcorão, Deus desafiou a todos os seres humanos a produzirem um único capítulo como os capítulos do Alcorão. Desde que o Alcorão foi revelado, quatorze séculos atrás, até esse dia, ninguém foi capaz de cumprir esse desafio, apesar de o menor capítulo no Alcorão (o Capítulo 108) ter apenas 10 palavras.

3) **Profecias Bíblicas sobre o Advento de Muhammad ﷺ, o Profeta do Islam:** Nessa seção, algumas profecias bíblicas sobre o advento do Profeta Muhammad ﷺ são discutidas.

---

1) Essas palavras árabes ﷺ significam, 'Que Deus exalte a sua menção e o proteja de imperfeição.'

4) Os Versículos no Alcorão que Mencionam Eventos Futuros que Vieram a Acontecer: O Alcorão mencionou alguns eventos futuros que vieram a acontecer posteriormente, por exemplo, a vitória dos romanos sobre os persas.

5) Os Milagres Realizados pelo Profeta Muhammad ﷺ: Muitos milagres foram realizados pelo Profeta Muhammad ﷺ. Esses milagres foram testemunhados por muitas pessoas.

6) A Vida Simples de Muhammad ﷺ: Isso indica claramente que Muhammad ﷺ não era um falso profeta que alegou o dom da profecia para obter ganhos materiais, grandeza ou poder.

Desses seis tipos de evidências, concluímos que:

- O Alcorão deve ser a palavra literal de Deus, revelada por Ele.

- Muhammad ﷺ é verdadeiramente um profeta enviado por Deus.

- O Islã é verdadeiramente a religião de Deus.

Se nós quisermos saber se uma religião é verdadeira ou falsa, não devemos depender de nossas emoções, sentimentos ou tradições. Ao contrário, devemos nos basear em nossa razão e intelecto. Quando Deus enviou os profetas, Ele os apoiou com milagres e evidências que provaram que eles eram verdadeiros profetas enviados por Deus, e portanto que a religião que traziam era verdadeira.

O segundo capítulo, **Alguns Benefícios do Islã,** menciona alguns dos benefícios que o Islã fornece ao indivíduo, como:

1) A Porta para o Paraíso Eterno

2) Salvação do Inferno

3) Felicidade Real e Paz Interior

4) Perdão de Todos os Pecados Anteriores.

O terceiro capítulo, **Informação Geral sobre o Islã,** fornece informação geral sobre o Islã, corrige alguns estereótipos e responde algumas perguntas freqüentes, como:

- O que o Islã diz sobre terrorismo?

- Qual é a condição das mulheres no Islã?

Capítulo 1

ALGUMAS EVIDÊNCIAS PARA A VERDADE DO ISLÃ

Deus apoiou Seu último Profeta Muhammad ☙ com muitos milagres e muitas evidências que provaram que ele é um verdadeiro Profeta enviado por Deus. Também, Deus apoiou seu último livro revelado, o Alcorão Sagrado, com muitos milagres que provam que o Alcorão é a palavra literal de Deus, revelado por Ele, e não de autoria de nenhum ser humano. Esse capítulo discute algumas destas evidências.

(1) Os Milagres Científicos no Alcorão Sagrado

O Alcorão é a palavra literal de Deus, que Ele revelou ao Seu Profeta Muhammad ☙ através do Anjo Gabriel. Ele foi memorizado por Muhammad ☙, que então o ditou aos seus Companheiros. Eles, por sua vez, o memorizaram, registraram por escrito, e o revisaram com o Profeta Muhammad ☙. Além disso, o Profeta Muhammad ☙ revisava o Alcorão com o Anjo Gabriel uma vez por ano e o revisou duas vezes no último ano de sua vida. Da época em que o Alcorão foi revelado, até esse dia, houve um enorme número de muçulmanos que memorizaram todo o Alcorão, palavra por palavra. Alguns deles foram capazes de memorizar todo o Alcorão por volta dos dez anos de idade. Nem uma letra do Alcorão foi mudada ao longo dos séculos.

O Alcorão Sagrado

O Alcorão, que foi revelado há quatorze séculos atrás, mencionou fatos apenas recentemente descobertos ou provados pelos cientistas. Isso prova sem dúvida que o Alcorão deve ser a palavra literal de Deus, revelada por Ele ao Profeta Muhammad ☙, e que o Alcorão não é de autoria de Muhammad ☙ ou de qualquer outro ser humano. Também prova que Muhammad ﷺ é verdadeiramente um profeta enviado por Deus. Está além da razão que alguém há quatorze séculos atrás pudesse conhecer fatos descobertos ou provados apenas recentemente com equipamentos avançados e métodos científicos sofisticados. Alguns exemplos se seguem.

A) O Alcorão sobre o Desenvolvimento Embrionário Humano :

No Alcorão Sagrado, Deus fala sobre os estágios do desenvolvimento embrionário do homem:

❰ **Nós criamos o homem de um extrato de argila. Então Nós o fizemos como uma gota em um lugar de descanso, firmemente fixado. Então Nós transformamos a gota em alaqah (sanguessuga, coisa suspensa, e coágulo de sangue), então Nós transformamos a alaqah em mudghah (substância mastigada)...** ❱[1]
(Alcorão, 23:12-14)

Literalmente, a palavra árabe *alaqah* tem três significados: (1) sanguessuga, (2) coisa suspensa, e (3) coágulo de sangue.

Comparando uma sanguessuga com um embrião no estágio alaqah, encontramos similaridades entre os dois[2] como podemos ver na figura 1. Também, o embrião nesse estágio obtém sua nutrição do sangue da mãe, similar à sanguessuga, que se alimenta do sangue de outros[3].

O segundo significado da palavra alaqah é "coisa suspensa". É o que podemos ver nas figuras 2 e 3, a suspensão do embrião, durante o estágio alaqah, no útero da mãe.

O terceiro significado da palavra alaqah é "coágulo de sangue". Vemos que a aparência externa do embrião e seu saco durante o estágio alaqah é similar ao de um coágulo de sangue. Isso se deve à presença de relativamente grandes quantidades de sangue no embrião durante

---

1) Por favor note que o que está entre esses parênteses especiais ❰---❱ nesse livro é apenas uma tradução dos significados do Alcorão. Não é o Alcorão em si, que é em árabe.
2) *The Developing Human* [O Desenvolvimento Humano], Moore e Persaud, quinta edição, p. 8
3) *Human Development as Described in the Quran and Sunnah* [O Desenvolvimento Humano como Descrito no Alcorão e na Sunnah], de Moore e outros, p. 36.

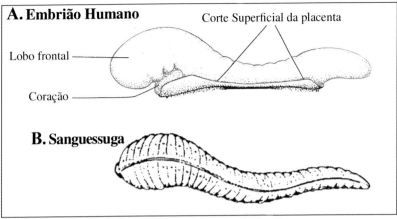

A. Embrião Humano

Corte Superficial da placenta

Lobo frontal

Coração

B. Sanguessuga

Figura 1: Desenhos ilustrando as semelhanças em aparência entre uma sanguessuga e um embrião humano no estágio *alaqah*. (Desenho de sanguessuga do livro *Human Development as Described in the Quran and Sunnah* [Desenvolvimento Humano como Descrito no Alcorão e na Sunnah], de Moore e outros, p. 37, modificado de *Integrated Principles of Zoology* [Princípios Integrados de Zoologia], de Hickman e outros. Desenho de embrião de O Desenvolvimento Humano, de Moore e Persaud, quinta edição, p. 73.)

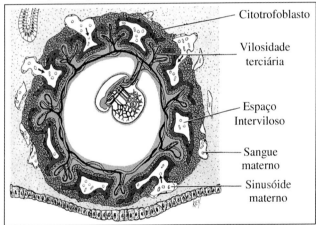

Figura 2: Podemos ver nesse diagrama a suspensão de um embrião durante o estágio *alaqah*, no útero da mãe. (*The Developing Human* [O Desenvolvimento Humano], Moore e Persaud, quinta edição, p. 66.)

Citotrofoblasto

Vilosidade terciária

Espaço Interviloso

Sangue materno

Sinusóide materno

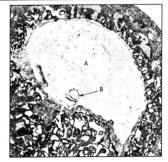

Fig.3: Nessa fotomicrografia nós podemos ver a suspensão do embrião (marcado com B) durante o estágio *alaqah* (aproximadamente 15 dias de vida) no útero da mãe. O tamanho do embrião é de 0.6 mm aproximadamente. (*The Developing Human* [O Desenvolvimento Humano], Moore, terceira edição, p.66, de Histologia, Leeson e Lesson.)

esse estágio[1] (veja figura 4). Também durante esse estágio, o sangue no embrião não circula até o final da terceira semana[2]. Portanto, o embrião nesse estágio é como um coágulo de sangue.

Figura 4: Diagrama de um sistema cardiovascular primitivo no embrião durante o estágio *alaqah*. A aparência externa do embrião e seu saco é similar a de um coágulo de sangue, devido à presença de relativamente grandes quantidades de sangue no embrião. (*The Developing Human* [O Desenvolvimento Humano], Moore e Persaud, quinta edição, p. 65.)

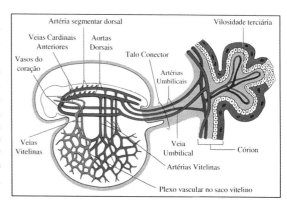

Portanto, os três significados da palavra *alaqah* correspondem apuradamente às descrições do embrião no estágio *alaqah*.

O próximo estágio mencionado no versículo é o *mudghah*. A palavra árabe *mudghah* significa "substância mastigada". Se alguém pegar um pedaço de goma de mascar, mastigá-la e então compará-la com um embrião no estágio *mudghah*, podemos concluir que o embrião no estágio mudghah adquire a aparência de uma substância mastigada. Isso acontece por causa dos somitos nas costas do embrião, que "de alguma forma lembram marcas de dentes em uma substância mastigada."[3] (veja figuras 5 e 6).

Como Muhammad ﷺ poderia saber tudo isso há 1.400 anos atrás, quando cientistas apenas recentemente descobriram usando equipamentos avançados e poderosos microscópios que não existiam naquela época? Hamm e Leeuwenhoek foram os primeiros cientistas a observar as células de esperma humano (espermatozóide) usando um microscópio aperfeiçoado em 1677 (mais de 1.000 anos depois de Muhammad ﷺ). Eles equivocadamente pensaram que a célula de

---

1) *Human Development as Described in the Quran and Sunnah* [O Desenvolvimento Humano como Descrito no Alcorão e na Sunnah], de Moore e outros, p. 37-38.
2) *The Developing Human* [O Desenvolvimento Humano], Moore e Persaud, quinta edição, p. 65.
3) *The Developing Human* [O Desenvolvimento Humano], Moore e Persaud, quinta edição, p. 8.

Figura 5: Fotografia de um embrião no estágio *mudghah* (28 dias). O embrião nesse estágio adquire a aparência de uma substância mastigada, por causa dos somitos nas costas do embrião que de alguma forma lembram marcas de dentes em uma substância mastigada. O tamanho do embrião é de aproximadamente 4 mm. (*The Developing Human* [O Desenvolvimento Humano], Moore e Persaud, quinta edição, p. 82, do Professor Hideo Nishimura, Universidade de Kioto, Japão)

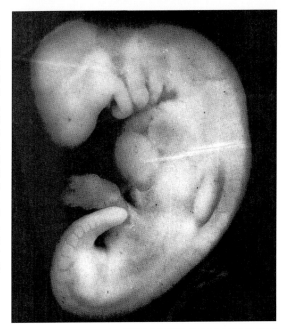

Capítulo 1
Algumas Evidências para a Verdade do Islã

Figura 6: Quando comparamos a aparência de um embrião no estágio *mudghah* com um pedaço de goma que foi mastigada, encontramos similaridades entre os dois. **A)** Desenho de um embrião no estágio *mudghah*. Podemos ver aqui os somitos nas costas do embrião, que se parecem com marcas de dentes. (*The Developing Human* [O Desenvolvimento Humano], Moore e Persaud, quinta edição, p. 79) **B)** Fotografia de um pedaço de goma mascada.

A. Embrião

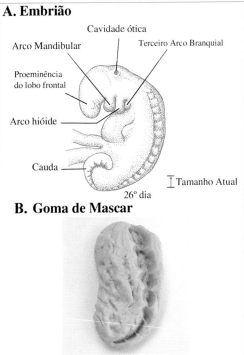

Cavidade ótica
Arco Mandibular
Terceiro Arco Branquial
Proeminência do lobo frontal
Arco hióide
Cauda
Tamanho Atual
26º dia

B. Goma de Mascar

esperma continha uma miniatura pré-formada de ser humano que crescia quando era depositada no trato genital feminino.[1]

O Professor Emérito Keith L. Moore é um dos cientistas mais proeminentes do mundo nos ramos de anatomia e embriologia, e é autor do livro intitulado O Desenvolvimento Humano, que foi traduzido em oito idiomas. Esse livro é um trabalho de referência científica e foi escolhido por um comitê especial nos Estados Unidos como o melhor livro de autoria de uma pessoa. Dr. Keith Moore é Professor Emérito de Anatomia e Biologia da Célula na Universidade de Toronto, Toronto, Canadá. Lá, ele foi Reitor Associado de Ciências Básicas na Faculdade de Medicina e por 8 anos foi o Presidente do Departamento de Anatomia. Em 1984 ele recebeu o prêmio mais importante no ramo de anatomia no Canadá, o J.C.B. Grande Prêmio da Associação Canadense de Anatomistas. Ele tem dirigido muitas associações internacionais, tais como a Associação Canadense e Americana de Anatomistas e o Conselho de União de Ciências Biológicas.

Em 1981, durante a Sétima Conferência Médica em Dammam, Arábia Saudita, o Professor Moore disse: "Foi uma grande satisfação para mim ajudar a clarificar declarações no Alcorão sobre o desenvolvimento humano. Está claro para mim que essas afirmações chegaram a Muhammad ﷺ de Deus, porque quase todo esse conhecimento só foi descoberto muitos séculos depois. Isso prova que Muhammad ﷺ deve ter sido um mensageiro de Deus." [2]

Conseqüentemente, foi feita ao Professor Moore a seguinte pergunta: "Isso significa que o senhor acredita que o Alcorão seja a palavra de Deus?" Ele respondeu: "Eu não tenho nenhuma dificuldade em aceitar isso." [3]

Durante uma conferência, o Professor Moore declarou: "...Porque o desenvolvimento do embrião humano é complexo, devido ao processo contínuo de mudança durante o desenvolvimento, é proposto que um novo sistema de classificação possa ser desenvolvido usando termos mencionados no Alcorão e na Sunnah (o que Muhammad ﷺ disse, fez ou aprovou). O sistema proposto é simples, compreensível, e de acordo

1) The Developing Human [O Desenvolvimento Humano], Moore e Persaud, quinta edição, p. 9.
2) A fonte desse comentário é This is the Truth [Essa é a Verdade] (videotape). Para uma cópia desse vídeo, por favor visite http://www.islam-guide.com/truth.htm (em inglês)
3) This is the Truth [Essa é a Verdade] (videotape).

com o conhecimento embriológico presente. Os estudos intensivos do Alcorão e Hadith (relatos confiáveis transmitidos pelos companheiros do Profeta Muhammad ﷺ do que ele disse, fez ou aprovou) nos quatro últimos anos revelaram um sistema para classificação de embriões humanos que é admirável, uma vez que foi registrado no século sete.

Embora Aristóteles, o fundador da ciência da embriologia, tenha percebido que os embriões de pinto se desenvolviam em estágios a partir de seus estudos de ovos de galinha no século quatro antes da Era Cristã, ele não forneceu detalhes sobre esses estágios. Tanto quanto sabemos da história da embriologia, pouco era sabido dos estágios e classificação dos embriões humanos até o século vinte. Por essa razão, as descrições do embrião humano no Alcorão não podem ser baseadas em conhecimento científico no século sete. A única conclusão razoável é: essas descrições foram reveladas a Muhammad ﷺ por Deus. Ele não poderia saber tais detalhes porque ele era um homem iletrado sem qualquer treinamento científico."[1]

B) O Alcorão sobre as Montanhas:

Um livro intitulado Terra é um texto de referência básico em muitas universidades em todo o mundo. Um dos seus autores é o Professor Emérito Frank Press. Ele foi o Conselheiro de Ciências do ex-presidente dos EUA Jimmy Carter, e por 12 anos foi o Presidente da Academia Nacional de Ciências, Washington, DC. Esse livro diz que as montanhas têm raízes subterrâneas 1. Essas raízes estão profundamente fincadas no solo, portanto, as montanhas têm uma forma semelhante a de uma estaca (veja figuras 7, 8 e 9).

Assim é como o Alcorão descreve as montanhas. Deus disse no Alcorão:

❨ **Não fizemos a terra como um leito, e as montanhas como estacas?** ❩
(Alcorão, 78:6-7)

A ciência moderna tem provado que as montanhas têm raízes profundas sob a superfície do solo (ver figura 9) e que essas raízes podem alcançar várias vezes as suas elevações sobre a superfície do

---

1) *This is the Truth* [Essa é a Verdade] (videotape). Para uma cópia, veja nota 8.
Nota: As ocupações de todos os cientistas mencionados nesse livro foram atualizadas pela última vez em 1997.
2) *Earth* [Terra], Press e Siever, p. 435.Veja também Ciência da Terra, Tarbuck e Lutgens, p. 157.

Figura 7: Montanhas têm raízes profundas sob a superfície do solo. (*Earth* [Terra], Press e Siever, p. 413.)

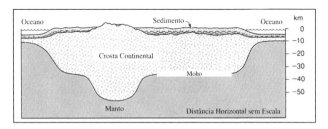

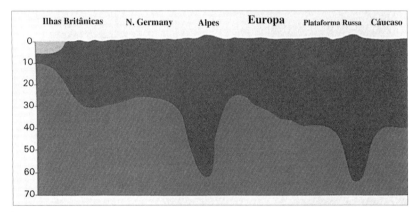

Figura 8: Seção esquemática. As montanhas, como as estacas, têm raízes profundas fincadas no solo. (*Anatomy of the Earth* [Anatomia da Terra], Cailleux, p. 220.)

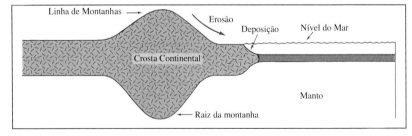

Figura 9: Outra ilustração mostra como as montanhas têm forma de estacas, devido às suas raízes profundas. (*Earth Science* [Ciência da Terra], Tarbuck e Lutgens, p. 158.)

solo[1]. Assim a palavra mais adequada para descrever as montanhas com base nessa informação é a palavra "estaca", uma vez que a maior parte de uma estaca propriamente colocada fica escondida sob a superfície do solo.

A história da ciência nos diz que a teoria das montanhas terem raízes profundas foi introduzida apenas em 1865 pelo astrônomo real Sir George Airy[2].

As montanhas também desempenham um papel importante na estabilização da crosta terrestre[3]. Elas impedem a terra de vibrar. Deus disse no Alcorão:

❴ **E Nós estabelecemos montanhas firmes na terra para que ela não se abale...** ❵
(Alcorão, 16:15)

Da mesma forma, a teoria moderna das placas tectônicas diz que as montanhas funcionam como estabilizadores para a terra. Esse conhecimento sobre o papel das montanhas como estabilizadores para a terra só começou a ser compreendido na estrutura das placas tectônicas a partir dos anos 60.[4]

Poderia alguém durante a época do Profeta Muhammad 🕮 ter conhecimento da verdadeira forma das montanhas? Poderia alguém imaginar que a montanha que ele vê na verdade se estende profundamente dentro da terra e tem uma raiz, como os cientistas afirmam? Um grande número de livros de geologia, quando discutem as montanhas, apenas descrevem a parte que está acima da superfície da terra. É assim porque esses livros não foram escritos por especialistas em geologia. Entretanto, a geologia moderna confirmou a verdade dos versos corânicos.

1) *The Geological Concept of Mountains in the Quran* [O Conceito Geológico das Montanhas no Alcorão], El-Naggar, p. 5.
2) *Earth* [Terra], Press e Siever, p. 435.Veja também *The Geological Concept of Mountains in the Quran* [O Conceito Geológico das Montanhas no Alcorão], El-Naggar, p. 5.
3) *The Geological Concept of Mountains in the Quran* [O Conceito Geológico das Montanhas no Alcorão, El-Naggar, p. 44-45.
4) *The Geological Concept of Mountains in the Quran* [O Conceito Geológico das Montanhas no Alcorão, El-Naggar, p. 5.

C) O Alcorão sobre a Origem do Universo:

A ciência da cosmologia moderna, observacional e teórica, indica claramente que, em um ponto no tempo, todo o universo não era nada além de uma nuvem de "fumaça" (ou seja, uma composição gasosa quente e opaca altamente densa)1. Esse é um dos princípios não disputados da cosmologia moderna padrão. Os cientistas agora podem observar novas estrelas se formando dos remanescentes daquela "fumaça" (veja.figuras.10.e.11). As estrelas iluminadoras que vemos à noite estavam, assim como todo o universo, naquele material de "fumaça". Deus disse no Alcorão:

❮ Então Ele transformou o céu quando era fumaça... ❯
(Alcorão, 41:11)

Porque a terra e os céus acima (o sol, a lua, as estrelas, planetas, galáxias, etc.) foram formadas dessa mesma "fumaça", concluímos que a terra e o céu eram uma entidade conectada. Então a partir dessa "fumaça" homogênea, eles se formaram e se separaram um do outro. Deus disse no Alcorão:

❮ Aqueles que não crêem não sabem que os céus e a terra eram uma entidade conectada, então Nós os separamos?... ❯
(Alcorão, 21:30)

O Dr. Alfred Kroner é um dos mais renomados geólogos do mundo. Ele é Professor de Geologia e Presidente do Departamento de Geologia no Instituto de Geociências da Universidade Johannes Gutenberg, em Mainz, Alemanha. Ele disse: "Pensando em de onde Muhammad ﷺ veio... eu acho que é quase impossível que ele pudesse ter sabido sobre coisas como a origem comum do universo, porque os cientistas só descobriram nos últimos anos, com métodos tecnológicos muito complicados e avançados." [2] Ele também disse: "Alguém que não soubesse algo sobre física nuclear há quatorze séculos atrás não poderia, eu acho, estar em posição de descobrir isso por conta própria, por exemplo, de que a terra e o céu tinham a mesma origem." [3]

1) *The First Three Minutes, a Modern View of the Origin of the Universe* [Os Primeiros Três Minutos, Uma Visão Moderna da Origem do Universo], Weinberg, pp. 94-105.
2) A fonte desse comentário é *This is the Truth* [Essa é a Verdade] (videotape). Veja notas nas seções anteriores.
3) *This is the Truth* [Essa é a Verdade] (videotape).

Figura 10: Uma nova estrela se formando de uma nuvem de gás e poeira (nébula), que é um dos remanescentes da "fumaça" que foi a origem de todo o universo. (*The Space Atlas* [O Atlas do Espaço], de Heather e Henbest, p. 50)

Figura 11: A nébula Lagoon é uma nuvem de gás e poeira, com diâmetro em torno de 60 anos-luz. É excitada pela radiação ultravioleta das estrelas quentes que se formaram recentemente no seu interior. (*Horizons, Exploring the Universe* [Horizontes, Explorando o Universo], Seeds, ilustração 9, da Associação de Universidades para Pesquisa em Astronomia, Inc.)

D) O Alcorão sobre o Cérebro:

Deus disse no Alcorão sobre um dos descrentes que proibiram o Profeta Muhammad ﷺ de orar na Caaba:

❨ **Não! Se ele não parar, Nós o pegaremos pela naseyah (parte frontal da cabeça), uma naseyah (parte frontal da cabeça) mentirosa, pecaminosa!** ❩
(Alcorão, 96:15-16)

Por que o Alcorão descreve a parte frontal da cabeça como sendo mentirosa e pecadora? Por que o Alcorão não disse que a pessoa era mentirosa e pecadora? Qual é a relação entre a parte frontal da cabeça e mentira e pecado?

Se olharmos dentro do crânio da parte frontal da cabeça, encontraremos a área pré-frontal do cérebro (veja figura 12). O que a fisiologia nos diz sobre a função dessa área? Um livro intitulado "Essencial de Anatomia & Fisiologia" diz sobre essa área, "A motivação e previsão de planejar e iniciar movimentos ocorrem na parte anterior dos lóbulos frontais, a área pré-frontal. Essa é a área de associação do córtex..." [1] O livro também diz, "Em relação ao seu envolvimento em motivação, a área pré-frontal também é considerada ser o centro funcional para a agressão..." [2]

Assim, essa área do cérebro é responsável pelo planejamento, motivação, e início do comportamento bom e pecaminoso, e é responsável por dizer mentiras e falar a verdade. Portanto, é apropriado descrever a parte frontal da cabeça como mentirosa e pecaminosa quando alguém mente ou comete um pecado, como o Alcorão disse, "...Uma *naseyah* (parte frontal da cabeça) mentirosa, pecaminosa!"

Os cientistas descobriram essas funções da área pré-frontal apenas nos últimos sessenta anos, de acordo com o Professor Keith L. Moore. [3]

---

1) *Essentials of Anatomy & Physiology* [Essenciais de Anatomia & Fisiologia], Seeley e outros, p. 211.Veja também O Sistema Nervoso Humano, Noback e outros, pp. 410-411.
2) *Essentials of Anatomy & Physiology* [Essenciais de Anatomia & Fisiologia], Seeley e outros, p. 211.
3) *Al-E'jaz al-Elmy fee al-Naseyah* [Os Milagres Científicos na Parte Frontal da Cabeça], Moore e outros, p. 41.

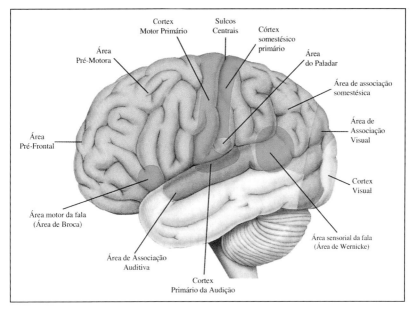

Figura 12: As regiões funcionais do hemisfério esquerdo do córtex cerebral. A área pré-frontal é localizada na frente do córtex cerebral. *(Essentials of Anatomy & Physiology* [Essenciais da Anatomia & Fisiologia], Seeley e outros, p.210.)

E) O Alcorão sobre os Mares e Rios:

A ciência moderna descobriu que em lugares onde dois mares diferentes se encontram, existe uma barreira entre eles. Essa barreira divide os dois mares de modo que cada mar tem sua própria temperatura, salinidade e densidade [1]. Por exemplo, o mar Mediterrâneo é morno, salino e menos denso, comparado com a água do oceano Atlântico. Quando a água do mar Mediterrâneo entra no Atlântico pelo estreito de Gibraltar, ela se move várias centenas de quilômetros dentro do Atlântico a uma profundidade de aproximadamente 1.000 metros com sua própria temperatura, salinidade e menor densidade características. A água do Mediterrâneo se estabiliza a essa profundidade [2] (veja figura 13).

1) *Principles of Oceanography* [Princípios de Oceanografia], Davis, pp. 92-93.
2) *Principles of Oceanography* [Princípios de Oceanografia], Davis, pp. 93.

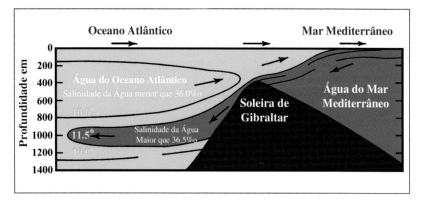

Figura 13: A água do mar Mediterrâneo quando entra no Atlântico pelo estreito de Gibraltar, com sua própria temperatura, salinidade e menor densidade características, por causa da barreira que as distingue. As temperaturas estão em graus Celsius (C°). (*Marine Geology* [Geologia Marinha], Kuenen, p. 43, com um pequeno aperfeiçoamento.)

Embora existam grandes ondas, marés e fortes correntezas nesses mares, eles não se misturam ou transgridem essa barreira.

O Alcorão Sagrado mencionou que existe uma barreira entre dois mares que se encontram e que eles não a transgridem. Deus disse:

❨ **Ele libertou os dois mares que se encontram. Existe uma barreira entre eles. Eles não a transgridem.** ❩
(Alcorão, 55:19-20)

Mas quando o Alcorão fala sobre a divisória entre a água fresca e salgada, ele menciona a existência de "uma divisória proibitiva" com a barreira. Deus disse no Alcorão:

❨ **Ele é Quem libertou os dois tipos de água, uma doce e palatável, e outra salgada e amarga. E Ele fez entre elas uma barreira e uma divisória proibitiva.** ❩
(Alcorão, 25:53)

---

1) *Principles of Oceanography* [Princípios de Oceanografia], Davis, hal. 93.

Alguém pode perguntar, por que o Alcorão menciona a divisória quando falando sobre a divisão entre a água fresca e salgada, mas não a menciona quando falando sobre a divisão entre os dois mares?

A ciência moderna descobriu que em estuários, onde água fresca (doce) e salgada se encontram, a situação é de certa forma diferente da que ocorre quando dois mares se encontram. Foi descoberto que o que distingue água fresca de água salgada em estuários é uma "zona de picnoclina com uma descontínua densidade separando as duas camadas." [1] Essa divisória (zona de separação) tem uma salinidade diferente da água fresca e da água salgada [2] (Veja figura 14).

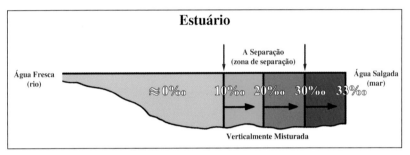

Figura 14: Seção longitudinal mostrando salinidade (partes por mil ‰) em um estuário. Podemos ver aqui essa divisória (zona de separação) entre a água fresca e a salgada. *(Introductory Oceanography* [Oceanografia Introdutória], Thurman, p. 301, com um pequeno aperfeiçoamento.)

Essa informação foi descoberta recentemente, usando equipamentos avançados para medir temperatura, salinidade, densidade, dissolubilidade do oxigênio, etc. O olho humano não pode ver a diferença entre os dois mares que se encontram, ao contrário, os dois mares nos parecem um mar homogêneo. Da mesma forma, o olho humano não pode ver a divisão da água em estuários de três tipos: água fresca, água salgada e a divisória (zona de separação).

---

1) *Oceanography* [Oceanografia], Gross, p. 242.Veja também *Introductory Oceanography* [Oceanografia Introdutória], Thurman, p. 300-301.

2) *Oceanography* [Oceanografia], Gross, p. 244 e *Introductory Oceanography* [Oceanografia Introdutória], Thurman, p. 300-301.

Capítulo 1
Algumas Evidências para a Verdade do Islã

F) O Alcorão sobre os Mares Profundos e as Ondas Internas:

Deus disse no Alcorão:

> ❴ **Ou (a afirmação dos descrentes) é como a escuridão no mar profundo. É coberta por ondas, sobre as quais existem ondas, sobre as quais existem nuvens. Escuridão, uma sobre a outra. Se um homem esticasse a sua mão, não poderia vê-la...** ❵
> **(Alcorão, 24:40)**

Esse versículo menciona a escuridão encontrada nos mares e oceanos profundos, onde se um homem esticasse sua mão, não poderia vê-la. A escuridão nos mares e oceanos profundos é encontrada em torno de uma profundidade de 200 metros e abaixo. Nessa profundidade, praticamente não existe luz (veja figura 15). Abaixo de uma profundidade de 1.000 metros não existe luz alguma[1]. Os seres

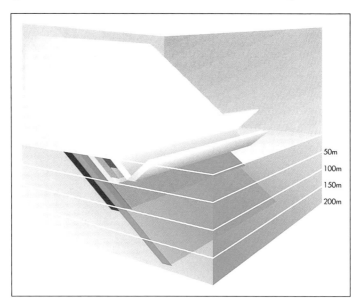

Figura 15: Entre 3 e 30 por cento da luz solar é refletida na superfície do mar. Então quase todas as sete cores do espectro de luz são absorvidas uma após a outra nos primeiros 200 metros, exceto a luz azul. (*Oceans* [Oceanos], Elder e Pernetta, p. 27.)

---

1) *Oceans* [Oceanos], Elder e Pernetta, p. 27.

Capítulo 1
Algumas Evidências para a Verdade do Islã

humanos não são capazes de mergulhar além de quarenta metros sem o auxílio de submarinos ou equipamento especial. Os seres humanos não podem sobreviver sem ajuda na parte profunda e escura dos oceanos, como uma profundidade de 200 metros.

Os cientistas descobriram recentemente essa escuridão através de equipamento especial e submarinos, que os capacitaram a mergulhar nas profundezas dos oceanos.

Nós também podemos compreender das seguintes sentenças no versículo anterior "...em um mar profundo. **É coberto por ondas, sobre as quais existem ondas, sobre as quais existem nuvens...**", que as águas profundas dos mares e oceanos são cobertas por ondas e que sobre essas ondas existem outras ondas. É claro que a segunda camada de ondas são as da superfície que podemos ver, porque o versículo menciona que acima das segundas ondas estão as nuvens. Mas e sobre as primeiras ondas? Os cientistas descobriram recentemente que existem ondas internas que "ocorrem em interfaces de densidade entre camadas de densidades diferentes." [1] (Veja figura 16).

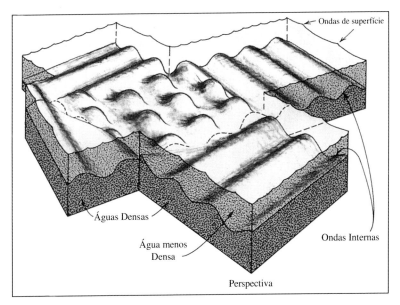

Figura 16: Ondas internas na interface entre duas camadas de água de densidades diferentes. Uma é densa (a mais baixa), a outra é menos densa (a superior). (*Oceanography* [Oceanografia], Gross, p. 204.)

---

2) *Oceanography* [Oceanografia], Gross, p. 205.

As ondas internas cobrem as águas profundas dos mares e oceanos porque as águas profundas têm uma densidade maior que as águas acima delas. As ondas internas agem como ondas de superfície. Elas também podem quebrar, assim como ondas de superfície. As ondas internas não podem ser vistas pelo olho humano, mas podem ser detectadas pelo estudo da mudança de temperatura ou salinidade em uma certa localidade.[1]

G) O Alcorão Sobre as Nuvens:

Os cientistas estudaram os tipos de nuvens e perceberam que as nuvens de chuva são formadas de acordo com sistemas definidos e certas etapas conectadas com certos tipos de ventos e nuvens.

Um tipo de nuvem de chuva é a nuvem cumulonimbus. Os meteorologistas estudaram como as nuvens cumulonimbus se formam e como produzem chuva, granizo e relâmpago.

Eles descobriram que as nuvens cumulonimbus seguem as seguintes etapas para produzir chuva:

1) As nuvens são empurradas pelo vento: As nuvens cumulonimbus começam a se formar quando o vento empurra alguns pedaços de nuvens (nuvens cumulus) para uma área onde essas nuvens convergem (veja figuras 17 e 18).

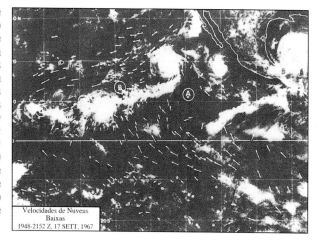

Figura 17: Foto de satélite mostrando as nuvens se movendo na direção das áreas de convergência B, C e D. As setas indicam as direções do vento. *(The Use of Satellite Pictures in Weather Analysis and Forecasting* [O Uso de Fotos de Satélite na Análise e Previsão do Tempo], Anderson e outros, p. 188.)

Velocidades de Nuvens Baixas
1948-2152 Z, 17 SETT, 1967

---

1) *Oceanography* [Oceanografia], Gross, p. 205.

Figura 18: Pequenos pedaços de nuvens (nuvens cumulus) se movendo na direção de uma zona de convergência próxima ao horizonte, onde podemos ver uma grande nuvem cumulonimbus. (*Clouds and Storms* [Nuvens e Tempestades], Ludlam, ilustração 7.4)

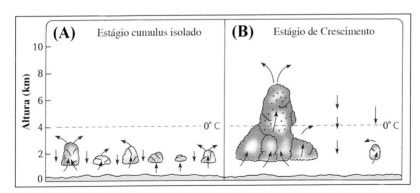

Figura 19: (A) Pequenos pedaços isolados de nuvens (nuvens cumulus). (B) Quando as pequenas nuvens se unem, as correntes de ar ascendentes dentro da nuvem maior aumentam, de modo que a nuvem é empilhada. Gotas de água são indicadas por ·(*The Atmosphere* [A Atmosfera], Anthes e outros, p. 269.)

2) **Con uindo:** Então as pequenas nuvens se unem formando uma nuvem maior[1] (veja figuras 18 e 19).

3) **Empilhamento:** Quando as nuvens menores se juntam, as correntes de ar ascendentes dentro da nuvem maior aumentam. As correntes de ar ascendentes próximas ao centro da nuvem são mais fortes do que aquelas próximas das bordas [2]. Essas correntes de ar ascendentes fazem com que o corpo da nuvem cresça verticalmente, de modo que a nuvem seja empilhada (veja figuras 19 (B), 20 e 21). Esse crescimento vertical faz o corpo da nuvem se alongar nas regiões mais frias da atmosfera, onde gotas de água e granizo se combinam e começam a se tornar maiores e maiores. Quando essas gotas de água e granizo se tornam muito pesadas para as correntes de ar ascendentes suportá-las, elas começam a cair das nuvens como chuva, granizo, etc. [3]

Capítulo 1
Algumas Evidências para a Verdade do Islã

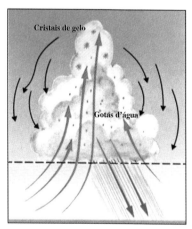

Figura 20: Uma nuvem cumulonimbus. Depois que a nuvem é empilhada, a chuva começa. (*Weather and Climate* [Clima e Temperatura], Bodin, p. 123.)

Deus disse no Alcorão:

❰ **Não viste como Deus fez as nuvens se moverem gentilmente, então as une, então as empilha e então tu vês a chuva sair das nuvens...** ❱
(**Alcorão, 24:43**)

Os meteorologistas apenas recentemente tomaram conhecimento desses detalhes sobre a formação, estrutura e funcionamento das nuvens, usando equipamentos avançados como aviões, satélites, computadores,

---

1) Veja *The Atmosphere* [A Atmosfera], Anthes e outros, p. 268-269, e *Elements of Meteorology* [Elementos de Meteorologia], Miller e Thompson, p. 141..
2) As correntes de ar ascendentes próximas ao centro são mais fortes, porque são protegidas dos efeitos resfriantes pela porção externa da nuvem.
3) Veja *The Atmosphere* [A Atmosfera], Anthes e outros, p. 269, e Elementos de Meteorologia, Miller e Thompson, p. 141-142.

Figura 21: Uma nuvem cumulonimbus. (*A Colour Guide to Clouds* [Um Guia Colorido para as Nuvens], Scorer e Wexler, p. 23.)Deus disse no Alcorão:

balões e outros equipamentos, para estudar o vento e sua direção, medir umidade e suas variações, e determinar os níveis e variações da pressão atmosférica.[1]

O verso precedente, depois de mencionar nuvens e chuva, fala sobre granizo e relâmpago:

❴ **...E Ele envia granizo das montanhas (nuvens) no céu, e Ele atinge com elas quem Ele quer, e as desvia de quem Ele quer. O clarão vívido de seu relâmpago quase cega a visão.** ❵
(Alcorão, 24:43)

Os meteorologistas descobriram essas nuvens cumulonimbus, que chovem granizo, alcançam uma altitude de 25.000 a 30.000 pés (4.7 a 5. 7 milhas) 1, como montanhas, como o Alcorão disse, "**... E Ele envia granizo das montanhas (nuvens) no céu...**" (veja figura 21 acima).

---

1) Ver *Ee'jaz al-Quran al-Kareem fee Wasf Anwa' al-Riyah, al-Sohob, al-Matar*, Makky e outros, p. 55.
2) *Elements of Meteorology* [Elementos de Meteorologia], Miller e Thompson, p. 141.

Capítulo 1
Algumas Evidências para a Verdade do Islã

Esse versículo pode levantar uma questão. Por que o versículo diz "seu relâmpago" em referência ao granizo? Isso significa que o granizo é o fator maior na produção de relâmpago? Deixe-nos ver o que o livro intitulado Meteorologia Hoje diz sobre isso. Ele diz que uma nuvem se torna eletrificada quando o granizo cai através de uma região na nuvem de gotas super frias e cristais de gelo. Quando as gotas colidem com a pedra de granizo, elas congelam ao contato e liberam calor latente. Isso mantém a superfície da pedra de granizo mais morna do que a dos cristais de gelo em volta. Quando a pedra de granizo entra em contato com o cristal de gelo, um fenômeno importante ocorre: elétrons fluem do objeto mais frio na direção do objeto mais quente. Portanto, a pedra de granizo se torna negativamente carregada. O mesmo efeito ocorre quando gotas superfrias entram em contato com a pedra de granizo e pequenas lascas de gelo positivamente carregadas se rompem. Essas partículas positivamente carregadas mais leves são então levadas para a parte superior da nuvem pelas correntes de ar ascendentes. O granizo, deixado com a carga negativa, cai na direção do fundo da nuvem, portanto a parte mais baixa da nuvem se torna negativamente carregada. Essas cargas negativas são então descarregadas como relâmpago[1]. Concluímos que o granizo é o fator maior na produção de relâmpago.

Essa informação sobre o relâmpago foi descoberta recentemente. Até 1600 da Era Cristã, as idéias de Aristóteles sobre meteorologia eram dominantes. Por exemplo, ele disse que a atmosfera continha dois tipos de exalação, úmida e seca. Ele também disse que o trovão era o som da colisão da exalação seca com as nuvens vizinhas, e o relâmpago era a ignição e

1) *Meteorology Today* [Meteorologia Hoje], Ahrens, p. 437.

queima da exalação seca com um fogo fino e fraco[1]. Essas eram algumas das idéias sobre meteorologia dominantes na época da revelação do Alcorão, quatorze séculos atrás.

H) Comentários de Cientistas sobre os Milagres Científicos no Alcorão Sagrado:

Os seguintes são alguns comentários de cientistas[2] sobre os milagres científicos no Alcorão Sagrado: Todos esses comentários foram registrados no vídeo intitulado "Essa é a Verdade". Nesse vídeo, você pode ver e ouvir os cientistas enquanto eles dão os comentários a seguir.

1) Dr. T. V. N. Persaud é Professor de Anatomia, Professor de Pediatria e Saúde da Criança, e Professor de Obstetrícia, Ginecologia e Ciências Reprodutivas na Universidade de Manitoba, Winnipeg, Manitoba, Canadá. Lá, ele foi Presidente do Departamento de Anatomia por 16 anos. Ele é muito conhecido em seu ramo. É autor ou editor de 22 livros e publicou mais de 181 trabalhos científicos. Em 1991 ele recebeu o prêmio mais importante no ramo de anatomia no Canadá, o J.C.B. Grande Prêmio da Associação Canadense de Anatomistas. Quando ele foi perguntado sobre os milagres científicos que ele pesquisou no Alcorão, ele afirmou o seguinte:

"O que me foi explicado é que Muhammad foi um homem comum. Ele não podia ler, nem sabia como escrever. De fato, ele era iletrado. E nós estamos falando de doze (de fato em torno de quatorze) séculos atrás. Você tem alguém iletrado fazendo pronunciamentos profundos e declarações que são surpreendentemente apuradas sobre natureza científica. E eu pessoalmente não vejo como isso pode ser um mero acaso. Existem muitas exatidões e, como o Dr. Moore, eu não tenho dificuldade em minha mente de que foi uma inspiração divina ou revelação que o levou a essas afirmações."

Capítulo 1
Algumas Evidências para a Verdade do Islã

---

1) *The Works of Aristotle Translated into English* [Os Trabalhos de Aristóteles Traduzidos para o Inglês]: Meteorológica, vol. 3, Ross e outros, pp. 369a-369b.

2) As ocupações de todos os cientistas mencionados nesse livro foram atualizadas pela última vez em 1997.

O Professor Persaud incluiu alguns versículos corânicos e ditos do Profeta Muhammad ﷺ em alguns de seus livros. Ele também apresentou esses versículos e ditos do Profeta Muhammad ﷺ em várias conferências.

2) Dr. Joe Leigh Simpson é o Presidente do Departamento de Obstetrícia e Ginecologia, Professor de Obstetrícia e Ginecologia e Professor de Genética Humana e Molecular no Colégio Baylor de Medicina, Houston, Texas, EUA. Antes, ele foi Professor de Obstetrícia e Ginecologia e Presidente do Departamento de Obstetrícia e Ginecologia na Universidade do Tennessee, Memphis, Tennessee, EUA. Ele também foi Presidente da Sociedade Americana de Fertilidade. Ele recebeu muitos prêmios, incluindo o Reconhecimento Público da Associação de Professores de Obstetrícia e Ginecologia em 1992. O Professor Simpson estudou os dois seguintes ditos do Profeta Muhammad ﷺ:

{Em cada um de vós, todos os componentes de sua criação são reunidos no útero de sua mãe em quarenta dias...} [1]

{Se quarenta e duas noites se passarem no embrião, Deus envia um anjo para ele, que o modela e cria sua audição, visão, pele, músculos e ossos...} [2]

Ele estudou esses dois ditos do Profeta Muhammad ﷺ extensivamente, destacando que os primeiros quarenta dias constituem uma fase claramente distinguível da embriogêneses. Ele ficou particularmente impressionado com a absoluta precisão e exatidão desses ditos do Profeta Muhammad ﷺ. Então, durante uma conferência, ele deu a seguinte opinião:

"Esses dois hadiths (os ditos do Profeta Muhammad ﷺ) que foram destacados nos fornecem um período específico para o desenvolvimento embriológico principal antes de quarenta dias. De novo, o destaque deve ser feito, eu acho, repetidamente por outros conferencistas essa manhã: esses hadiths não poderiam ter sido obtidos com base no conhecimento científico que estava disponível na época de seu registro. . . . Conseqüentemente, eu acho, que não

---

1) Narrado em *Saheeh Muslim*, #2643, e *Saheeh Al-Bukhari*, #3208.
Nota: O que está entre os parênteses especiais {...} nesse guia é uma tradução do que o Profeta Muhammad ﷺ disse. Note também que o símbolo # usado nos rodapés indica o número do hadith. Um hadith é um relato transmitido de forma confiável pelos companheiros do Profeta Muhammad ﷺ do que ele disse, fez ou aprovou.
2) Narrado em *Saheeh Muslim*, #2645.

apenas não existe con ito entre genética e religião mas, de fato, a religião pode guiar a ciência acrescentando revelação a algumas das abordagens científicas tradicionais, de que existem afirmações no Alcorão que séculos depois se mostraram válidas, que suportam o conhecimento no Alcorão como sendo derivado de Deus."

3) Dr. E. Marshall Johnson é Professor Emérito de Anatomia e Biologia Desenvolvimental na Universidade Thomas Jefferson, Filadélfia, Pensilvânia, EUA. Lá, por 22 anos ele foi Professor de Anatomia, Presidente do Departamento de Anatomia, e Diretor do Instituto Daniel Baugh. Ele também foi Presidente da Sociedade de Teratologia. É o autor de mais de 200 publicações. Em 1981, durante a Sétima Conferência Médica em Dammam, Arábia Saudita, o Professor Johnson disse na apresentação de sua pesquisa:

"Sumário: O Alcorão descreve não apenas o desenvolvimento da forma externa, mas enfatiza também os estágios internos, os estágios dentro do embrião, de sua criação e desenvolvimento, enfatizando eventos maiores reconhecidos pela ciência contemporânea."

Ele também disse: "Como um cientista, eu só posso lidar com coisas que eu posso ver. Eu posso compreender embriologia e biologia desenvolvimental. Eu posso compreender as palavras que foram traduzidas para mim do Alcorão. Como eu dei o exemplo antes, se eu me transpusesse para aquela época, sabendo o que eu sei hoje e descrevendo coisas, eu não poderia descrevê-las como foram descritas. Eu não vejo base para o fato de que um indivíduo, Muhammad ﷺ, tivesse desenvolvido essa informação de algum lugar. Então eu não vejo nada aqui em con ito com o conceito de que intervenção divina foi envolvida no que ele foi capaz de escrever." [1]

4) Dr. William W. Hay é um cientista marinho bem conhecido. Ele é Professor de Ciências Geológicas na Universidade do Colorado, Boulder, Colorado, EUA. Ele foi o Reitor da Escola Rosenstiel de Ciência Marinha e Atmosférica na Universidade de Miami, Miami, Flórida, EUA. Após uma discussão com o Professor Hay sobre a menção do Alcorão de fatos recentemente descobertos sobre os mares, ele disse:

Capítulo 1
Algumas Evidências para a Verdade do Islã

---

1) O Profeta Muhammad ﷺ era iletrado. Ele não podia ler nem escrever, mas ele ditou o Alcorão aos seus Companheiros e ordenou a alguns deles que o registrasse por escrito.

"Eu acho muito interessante que esse tipo de informação esteja em escrituras antigas como o Alcorão Sagrado, e eu não tenho como saber de onde elas vieram, mas eu acho que é extremamente interessante que elas estejam lá e que esse trabalho esteja sendo o de descobrir o significado de algumas dessas passagens." E quando perguntado sobre a fonte do Alcorão, ele respondeu: "Bem, eu pensaria que deve ser um ser divino."

5) O Dr. Gerald C. Goeringer é Diretor do Curso e Professor Associado de Embriologia Médica no Departamento de Biologia Celular, Escola de Medicina, Universidade de Georgetown, Washington, DC, EUA. Durante a Oitava Conferência Médica Saudita em Riyadh, Arábia Saudita, o Professor Goeringer afirmou o seguinte na apresentação de sua pesquisa:

"Em relativamente poucas ayahs (versículos corânicos) estão contidas uma descrição muito detalhada do desenvolvimento humano do momento do encontro dos gametas através da organogêneses. Nenhum registro tão distinto e completo do desenvolvimento humano, tal como classificação, terminologia e descrição, existia antes. Na maioria, se não em todas as instâncias, essa descrição pré-data por muitos séculos os registros de vários estágios do desenvolvimento embriônico e fetal registrado na literatura científica tradicional."

6) O Dr. Yoshihide Kozai é Professor Emérito na Universidade de Tóquio, Hongo, Tóquio, Japão, e foi o Diretor do Observatório Astronômico Nacional, Mitaka, Tóquio, Japão. Ele disse:

"Eu estou muito impressionado em encontrar fatos astronômicos verdadeiros no Alcorão, porque nós astrônomos modernos temos estudado pequenos pedaços do universo. Nós temos concentrado nossos esforços para a compreensão de uma parte muito pequena. Usando telescópios podemos apenas ver algumas poucas partes do céu, sem pensar sobre todo o universo. Então, pela leitura do Alcorão e pela resposta de questões, eu acho que posso encontrar minha forma futura para investigação do universo."

7) O Professor Tejatat Tejasen é o Presidente do Departamento de Anatomia na Universidade Chiang Mai, Chiang Mai, Tailândia. Anteriormente, ele foi o Reitor da Faculdade de Medicina na mesma universidade. Durante a Oitava Conferência Médica Saudita em Riyadh, na Arábia Saudita, o Professor Tejasen se levantou e disse:

"Durante os últimos três anos, eu me interessei pelo Alcorão. . .
. De meu estudo e do que eu aprendi nessa conferência, eu acredito que tudo que foi registrado no Alcorão quatorze séculos atrás deve ser a verdade, que pode ser provada por meios científicos. Uma vez que o Profeta Muhammad ﷺ não podia ler nem escrever, Muhammad ﷺ deve ser um mensageiro que transmitiu essa verdade, que foi revelada a ele como uma iluminação por Aquele que é elegível como o criador. Esse criador deve ser Deus. Portanto, eu acho que esse é o momento de dizer *La ilaha illa Allah*, não existe divindade para adoração exceto Allah (Deus), *Muhammadur rasoolu Allah*, Muhammad ﷺ é Mensageiro (Profeta) de Allah (Deus). Por fim, eu devo congratular pela excelente e muito bem sucedida organização para essa conferência. . . . Eu ganhei não apenas do ponto de vista científico ou religioso, mas também uma grande chance de encontrar muitos cientistas renomados e fazer muitos novos amigos entre os participantes. A coisa mais preciosa de todas que eu ganhei ao vir a esse lugar é *La ilaha illa Allah, Muhammadur rasoolu Allah*, e ter me tornado um muçulmano."

Depois de todos esses exemplos que vimos sobre milagres científicos no Alcorão Sagrado e todos esses comentários dos cientistas sobre eles, vamos nos perguntar essas questões:

- Poderia ser uma coincidência que todas essas informações científicas descobertas recentemente de ramos diferentes estivessem mencionadas no Alcorão, que foi revelado há quatorze séculos atrás?

- Poderia o Alcorão ser de autoria de Muhammad e ou de outro ser humano?

A única resposta possível é que o Alcorão deve ser a palavra literal de Deus, revelada por Ele.

(2) O Grande Desafio de Produzir um Capítulo como os Capítulos do Alcorão Sagrado:

Deus disse no Alcorão:

《 E se estais em dúvida sobre o que Nós revelamos (o Alcorão) ao Nosso adorador (Muhammad ﷺ), então produzi um capítulo como esse, e chamai vossas testemunhas, (apoiadores e ajudantes) além de Deus se sois verdadeiros. E se não o fizerdes, então nunca podereis fazê-lo, e temai o Fogo (Inferno) cujo combustível são os homens e as pedras. Ele foi preparado para os descrentes. E dê boas novas (Ó Muhammad) a todos aqueles que crêem e fazem boas obras, porque deles são os jardins (Paraíso) nos quais correm os rios... 》 (Alcorão, 2:23-25)

Note que o menor capítulo no Alcorão (o Capítulo 108) tem apenas dez palavras, e ainda assim ninguém foi capaz de cumprir esse desafio, então ou hoje[1]. Alguns dos árabes descrentes que eram inimigos do Profeta Muhammad ﷺ tentaram superar esse desafio para provar que Muhammad ﷺ não era um verdadeiro

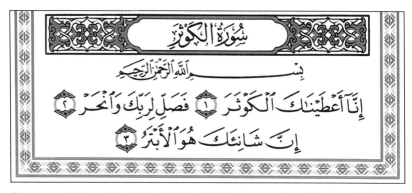

O menor capítulo no Alcorão (o Capítulo 108) tem apenas dez palavras, e ainda assim ninguém foi capaz de superar o desafio de produzir um capítulo como os capítulos do Alcorão Sagrado.

---

1) Veja *Al-Borhan fee Oloom Al-Quran*, *Al-Zarkashy*, vol. 2, p. 224.

profeta, mas eles fracassaram em fazê-lo[1]. Esse fracasso foi apesar do fato do Alcorão ser revelado em seu próprio idioma e dialeto e dos árabes do tempo de Muhammad ﷺ serem um povo muito eloqüente, que costumava compor poesias belas e excelentes, que continuam sendo lidas e apreciadas hoje.

(3) Profecias Bíblicas sobre o Advento de Muhammad ﷺ, o Profeta do Islã:

As profecias bíblicas sobre o advento do Profeta Muhammad ﷺ são evidências da verdade do Islã para as pessoas que acreditam na Bíblia.

Em Deuteronômio 18, Moisés declara que Deus disse a ele: **"Eu farei surgir um profeta como tu entre teus irmãos; Eu colocarei as minhas palavras em sua boca, e ele dirá tudo que Eu o ordenar. Se alguém não ouvir às minhas palavras que o profeta falará em meu nome, eu chamarei esse alguém para prestar contas." (Deuteronômio 18:18-19).** [1]

Desses versos concluímos que o profeta nessa profecia deve ter as seguintes características:

1) Será como Moisés.

2) Ele virá dos irmãos dos israelitas, isto é, os ismaelitas.

3) Que Deus colocará Suas palavras na boca desse profeta e que ele declarará o que Deus o ordenar.

Deixe-nos examinar essas três características mais profundamente:

1) Um profeta como Moisés:

Dificilmente existiram dois profetas que eram tão semelhantes quanto Moisés e Muhammad ﷺ. A ambos foi dado um detalhado código legal e de vida. Ambos encontraram seus inimigos e foram vitoriosos

---

1) Veja *Al-Borhan fee Oloom Al-Quran, Al-Zarkashy*, vol. 2, p. 226.

2) Todos os versos nessa página foram tirados *The NIV Study Bible, New International Version* [da Bíblia de Estudos, Nova Versão Internacional], exceto onde foi informado como sendo a versão do Rei James.

Capítulo 1
Algumas Evidências para a Verdade do Islã

de formas milagrosas. Ambos foram aceitos como profetas e estadistas. Ambos migraram em conseqüência de conspirações para assassiná-los. As analogias entre Moisés e Jesus passam por cima não apenas das semelhanças acima, mas de outras cruciais também. Elas incluem o nascimento natural, vida familiar e a morte de Moisés e Muhammad ﷺ mas não a de Jesus. Além disso Jesus foi considerado por seus seguidores como o Filho de Deus e não exclusivamente um profeta de Deus, como Moisés e Muhammad ﷺ foram e como os muçulmanos acreditam que Jesus foi. Portanto, essa profecia se refere ao Profeta Muhammad ﷺ e não a Jesus, porque Muhammad ﷺ é mais semelhante a Moisés do que Jesus.

Também, se percebe do Evangelho de João que os judeus estavam esperando pelo cumprimento de três profecias distintas: A primeira era a vinda de Cristo. A segunda era a vinda de Elias. A terceira era a vinda do Profeta. Isso é óbvio das três questões que foram apresentadas a João Batista: **"Esse foi o testemunho de João, quando os judeus de Jerusalém enviaram sacerdotes e Levitas para perguntar quem ele era. Ele não se negou a confessar, mas admitiu livremente," Eu não sou o Cristo."Eles o perguntaram, "Então quem és tu? Tu és Elias?" Ele disse, "Eu não sou." "Tu és o Profeta?" Ele respondeu, "Não." (João 1: 19 – 21).** Se olharmos na Bíblia com referências cruzadas, encontraremos nas notas de rodapé onde as palavras **"o Profeta"** ocorrem em **João 1:21,** que essas palavras se referem à profecia do **Deuteronômio 18:15 e 18:18**[1]. Nós concluímos disso que Jesus Cristo não é o profeta mencionado em Deuteronômio 18:18.

2) Dos irmãos dos Israelitas:

Abraão teve dois filhos, Ismael e Isaque **(Gênesis 21)**. Ismael se tornou o avô da nação árabe e Isaque se tornou o avô da nação judaica. O profeta mencionado não era para vir dos judeus, mas de seus irmãos, isto é, os ismaelitas. Muhammad ﷺ, um descendente de Ismael, é de fato esse profeta.

Também **Isaías 42: 1-13** fala do servo de Deus, Seu " escolhido" e "mensageiro" que trará uma lei. **"Ele não falhará ou será desencorajado até que estabeleça a justiça na terra. Em sua lei as ilhas colocarão sua esperança." (Isaías 42:4).** O verso 11 conecta esse aguardado com os descendentes de Cedar. Quem é Cedar? De acordo com **Gênesis 25:13,** Cedar foi o segundo filho de Ismael, o ancestral do Profeta Muhammad ﷺ.

---

1) Veja as notas de rodapé *The NIV Study Bible, New International Version* [da Bíblia de Estudos, Nova Versão Internacional], sobre o verso 1:21, p. 1594.

3) Deus colocará Suas palavras na boca desse profeta:

As palavras de Deus (o Alcorão Sagrado) foram verdadeiramente colocadas na boca de Muhammad ﷺ. Deus enviou o Anjo Gabriel para ensinar Muhammad ﷺ as palavras exatas de Deus (o Alcorão Sagrado) e pediu a ele que as ditasse às pessoas quando as ouvia. As palavras não são portanto, suas. Elas não vieram de seus próprios pensamentos, mas foram colocadas em sua boca pelo Anjo Gabriel. Durante a vida de Muhammad ﷺ, e sob sua supervisão, essas palavras foram então memorizadas e escritas por seus companheiros.

Note que Deus disse na profecia do Deuteronômio: **"Se alguém não ouvir às minhas palavras que o profeta falará em meu nome, eu chamarei esse alguém para prestar contas."** (Deuteronômio, 18:19). Isso significa que quem quer que acredite na Bíblia deve acreditar no que esse profeta diz, e esse profeta é o Profeta Muhammad ﷺ.

4) Os Versículos no Alcorão que Mencionam Eventos Futuros que Vieram a Acontecer:

Um exemplo dos eventos profetizados no Alcorão é a vitória dos romanos sobre os persas dentro de três a nove anos depois dos romanos terem sido derrotados pelos persas. Deus disse no Alcorão:

❨ **Os romanos foram derrotados na terra mais próxima (à Península Arábica) e eles, após sua derrota, serão vitoriosos dentro de bedd' (três a nove) anos...**❩ **(Alcorão, 30:2-4)**

Deixe-nos ver o que a história nos diz sobre essas guerras. Um livro intitulado *História do Estado Bizantino* diz que o exército romano foi terrivelmente derrotado em Antioquia em 613 e, como resultado, os persas rapidamente avançaram em todas as fronteiras[1]. Naquela época era difícil imaginar que os romanos derrotariam os persas, mas o Alcorão profetizou que os romanos seriam vitoriosos dentro de três a nove anos. Em 622, nove anos após a derrota dos romanos, as duas forças (romanos e persas) se encontraram em solo armênio, e o resultado foi a vitória decisiva dos romanos sobre os persas, pela primeira vez depois da derrota dos romanos em 613 [2]. A

1) *History of the Byzantine State* [História do Estado Bizantino], Ostrogorsky, p. 95.
2) *History of the Byzantine State* [História do Estado Bizantino], Ostrogorsky, p. 100-101, e *History of Persia* [História da Pérsia], Sykes, vol. 1, pp. 483-484. Veja também Micropédia, *A Nova Encyclopaedia Britannica* [Enciclopédia Britânica], vol. 4, p. 1036.

profecia foi cumprida exatamente como Deus tinha dito no Alcorão. Existem também muitos outros versículos no Alcorão e ditos do Profeta Muhammad ﷺ que mencionam eventos futuros que vieram a acontecer.

(5) Milagres Realizados pelo Profeta Muhammad ﷺ:

Muitos milagres foram realizados pelo Profeta Muhammad ﷺ através da permissão de Deus. Esses milagres foram testemunhados por muitas pessoas. Por exemplo:

- Quando os descrentes em Meca pediram ao Profeta Muhammad e que lhes mostrasse um milagre, ele lhes mostrou a divisão da lua [1].

- Outro milagre foi a água que uiu através dos dedos de Muhammad e quando seus companheiros ficaram sedentos e não tinham água, exceto por um pouco em um vaso. Eles foram até ele e disseram que não tinham água para fazer ablução e nem para beber, exceto pelo que estava no vaso. Então Muhammad e colocou sua mão no vaso e a água começou a jorrar entre seus dedos. Eles beberam e fizeram ablução. Eles eram mil e quinhentos companheiros [2].

Existiram também muitos outros milagres que foram realizados por ele ou que aconteceram a ele.

(6) A Vida Simples de Muhammad ﷺ

Se nós compararmos a vida de Muhammad ﷺ antes da sua missão como profeta e sua vida depois que ele começou a sua missão como profeta, nós concluímos que não é razoável pensar que Muhammad ﷺ é um falso profeta, que reivindicou a profecia para alcançar ganhos materiais, majestade, glória, ou poder.

Antes de sua missão como profeta, Muhammad ﷺ não tinha preocupações financeiras. Como um comerciante bem sucedido e conhecido, Muhammad ﷺ obtinha uma renda satisfatória e confortável. Após sua missão como profeta, e por causa dela,

---

1) Narrado em *Saheeh Al-Bukhari*, #3637, e *Saheeh Muslim*, #2802.
2) Narrado em *Saheeh Al-Bukhari*, #3576, e *Saheeh Muslim*, #1856.

tornou-se mais pobre materialmente. Para esclarecer mais, vamos ler os seguintes hadiths sobre a sua vida:

- Aa'isha, a esposa de Muhammad e, disse: "Ó meu sobrinho, às vezes passamos por três luas novas em dois meses sem acender o fogo (para cozinhar uma refeição) nas casas do Profeta. Seu sobrinho perguntou: 'Tia! O que sustentou vocês?' Ela disse, duas coisas, tâmaras e água, mas o profeta tinha alguns vizinhos dos Ansar que tinham camelas que davam leite, e mandavam ao profeta de seu leite" [1].

- Sahl Ibn Sa'ad, um dos companheiros do profeta disse: "O profeta de Deus nunca viu pão feito de farinha refinada desde o começo de sua missão até sua morte" [2].

- Aa'isha, a esposa do profeta disse: "O colchão do profeta, onde ele dormia, era feito de couro recheado com fibras de palmeiras" [3].

- Amr Ibn Al-Hareth, um dos companheiros de Muhammad e, disse que quando o profeta morreu, ele não deixou nem dinheiro e nem qualquer outra coisa, exceto sua mula branca, sua arma, e um pedaço de terra que deixou como caridade [4].

Muhammad ﷺ viveu esta vida dura até morrer, embora o tesouro islâmico estivesse à sua disposição, a maior parte da península árabe fosse muçulmana antes de sua morte, e os muçulmanos fossem vitoriosos após dezoito anos de sua missão.

É possível que Muhammad ﷺ possa ter reivindicado a profecia a fim de alcançar a grandeza e o poder? O desejo de desfrutar do poder é associado geralmente com boa comida, roupa extravagante, grandes palácios, e autoridade indisputável. Alguns destes indicadores aplicam-se a Muhammad ﷺ? Alguns aspectos de sua vida, que podem ajudar a responder esta pergunta, se seguem.

Apesar de suas responsabilidades como profeta, professor, estadista, e juiz, Muhammad ﷺ costumava ordenhar sua cabra [5], remendar sua roupa , consertar seus sapatos [6], ajudar com o trabalho

1) Narrado em *Saheeh Muslim*, #2972, e *Saheeh Al-Bukhari*, #2567.
2) Narrado em *Saheeh Al-Bukhari*, #5413, e *Al-Tirmizi*, #2364.
3) Narrado em *Saheeh Muslim*, #2082, e *Saheeh Al-Bukhari*, #6456.
4) Narrado em *Saheeh Al-Bukhari*, #2739, e *Mosnad Ahmad*, #17990.
5) Narrado em *Mosnad Ahmad*, #25662.
6) Narrado em *Saheeh Al-Bukhari*, #676, e *Mosnad Ahmad*, #25517.

da casa [1], e visitar as pessoas pobres quando estavam doentes [2]. Ele também ajudou seus companheiros a escavar uma trincheira tirando a areia com eles [3]. Sua vida com eles era um modelo surpreendente de simplicidade e humildade.

Os seguidores de Muhammad ﷺ amaram-no, respeitaram-no, e confiaram nele a um nível surpreendente. Apesar disso, ele continuou a enfatizar que a deificação devia ser dirigida a Deus, e não a ele pessoalmente. Anas, um dos companheiros de Muhammad ﷺ, disse que não havia nenhuma pessoa a quem amaram mais do que o profeta Muhammad ﷺ, e ainda quando ele se aproximava deles, não levantavam para ele [4], porque ele odiava ser tratado como os povos faziam com seus grandes líderes.

Por muito tempo antes de haver qualquer perspectiva de sucesso para o Islã, e no começo de uma era longa e dolorosa de tortura, sofrimento, e perseguição a Muhammad ﷺ e seus seguidores, ele recebeu uma oferta interessante. Um enviado dos líderes pagãos, Otba, veio a ele dizendo:

"Se você quiser dinheiro, nós coletaremos bastante dinheiro para você de modo que você seja o mais rico de todos nós. Se você quiser a liderança, nós faremos de você nosso líder e nunca decidiremos nada sem sua aprovação. Se você quiser um reino, nós o coroaremos rei sobre nós."

Somente uma concessão foi requerida de Muhammad ﷺ em retorno de tudo isto: parar de chamar os povos ao Islã e para adorar Deus sem nenhum parceiro.

Esta oferta não seria tentadora para uma pessoa em busca de benefício terreno? Muhammad ﷺ estava hesitante quando a oferta foi feita? Ele a recusou como estratégia de barganha, deixando a porta aberta para uma oferta melhor?

Esta foi sua resposta: {**Em nome do Deus, o Clemente, o Misericordioso**} e relatou a Otba os versículos 41:1-38.11 do Alcorão [5]. Os seguintes são alguns destes versículos:

---

1) Narrado em *Saheeh Al-Bukhari*, #676, e *Mosnad Ahmad*, #23706.
2) Narrado em *Mowatta' Malek*, #531.
3) Narrado em Saheeh Al-Bukhari, #3034, *Saheeh Muslim*, #1803, e *Mosnad Ahmad*, #18017.
4) Narrado em *Mosnad Ahmad*, #12117, e *Al-Tirmizi*, #2754.
5) *Al-Serah Al-Nabaweyyah*, Ibn Hesham, vol. 1, pp. 293-294.

❴ (Eis aqui) uma revelação do Clemente, Misericordiosíssimo. É um Livro cujos versículos foram detalhados. É um Alcorão árabe destinado a um povo sensato, alvissareiro e admoestador; porém, a maioria dos humanos o desdenha, sem ao menos escutá-lo. ❵ (Alcorão, 41:2-4)

Em uma outra ocasião, e em resposta a um pedido de seu tio para parar de chamar as pessoas ao Islã, a resposta de Muhammad ﷺ foi decisiva e sincera:

{Eu juro por Deus, meu tio, que se colocarem o sol na minha mão direita a lua na minha mão esquerda em retorno para desistir desta matéria (chamar as pessoas ao Islã), eu nunca desistirei até que Deus a faça triunfar ou eu morra defendendo-a.} [1]

Muhammad ﷺ e seus poucos seguidores sofreram não somente perseguição por treze anos, mas os descrentes tentaram matar Muhammad ﷺ diversas vezes. Em uma ocasião tentaram matá-lo jogando uma pedra grande sobre sua cabeça [2]. Outra vez tentaram matá-lo envenenando sua comida [3].

O que poderia justificar tal vida de sofrimento e sacrifício mesmo depois de totalmente vencer seus adversários? O que poderia explicar a humildade e a nobreza que demonstrou em seus momentos mais triunfantes, quando ele confirmou que o sucesso era devido somente à ajuda de Deus e não a seu próprio gênio? Será que estas características são de um homem procurando poder e centrado em si mesmo?

Capítulo 1
Algumas Evidências para a Verdade do Islã

1) *Al-Serah Al-Nabaweyyah*, Ibn Hesham, vol. 1, pp. 265-266.
2) *Al-Serah Al-Nabaweyyah*, Ibn Hesham, vol. 1, pp. 298-299.
3) Narrado em *Al-Daremey*, #68, e *Abu-Dawood*, #4510.

7) O Crescimento Fenomenal do Islã

No fim desse capítulo pode ser apropriado destacar uma importante indicação da verdade do Islã. É bem sabido que nos EUA, e em todo o mundo, o Islã é a religião que mais cresce. As seguintes são algumas observações sobre esse fenômeno:

- "O Islã é a religião que mais cresce na América, um guia e pilar de estabilidade para muitos do nosso povo..." (Hillary Rodham Clinton, Los Angeles Times).1

- "Os muçulmanos são o grupo que mais cresce no mundo..." (The Population Reference Bureau, USA Today).2

- "...O Islã é a religião que mais cresce no país." (Geraldine Baum; Newsday Escritora de Religião, Newsday).3

- "...O Islã é a religião que mais cresce nos Estados Unidos." (Ari L. Goldman, New York Times).4

Esse fenômeno indica que o Islã é verdadeiramente a religião de Deus. Não é razoável pensar que tantos americanos e pessoas de diferentes países tenham se convertido ao Islã sem uma consideração cuidadosa e profunda contemplação, antes de concluírem que o Islã é verdadeiro. Esses convertidos têm vindo de diferentes países, classes, raças e estilos de vida. Eles incluem cientistas, professores, filósofos, jornalistas, políticos, atores e atletas.

Os pontos mencionados nesse capítulo constituem apenas algumas das evidências suportando a crença de que o Alcorão é a palavra literal de Deus, que Muhammad é verdadeiramente um profeta enviado por Deus, e que o Islã é verdadeiramente uma religião de Deus.

❀ ❀ ❀

1) Larry B. Stammer, Escritor de Religião do Times, "First Lady Breaks Ground With Muslims," *Los Angeles Times*, Home Edition, Metro Section, Part B, 31 de Maio, 1996, p. 3.

2) Timothy Kenny, "Elsewhere in the World," *USA Today*, Final Edition, News Section, 17 de Fevereiro, 1989, p. 4A.

3) Geraldine Baum, "For Love of Allah," *Newsday*, Nassau and Suffolk Edition, Part II, 7 de Março, 1989, p. 4.

4) Ari L. Goldman, "Mainstream Islam Rapidly Embraced By Black Americans," *New York Times*, Late City Final Edition, February 21, 1989, p. 1.

Capítulo 1 — Algumas Evidências para a Verdade do Islã

Capítulo 2

ALGUNS BENEFÍCIOS DO ISLÃ

O Islã fornece muitos benefícios para o indivíduo e a sociedade. Esse capítulo menciona alguns dos benefícios obtidos através do Islã para o indivíduo.

(1) A Porta para o Paraíso Eterno

Deus disse no Alcorão:

❲ **E dê boas novas (Ó Muhammad) a todos aqueles que crêem e fazem boas obras, porque deles são os jardins (Paraíso) nos quais correm os rios...** ❳
(Alcorão, 2:25)

Deus também disse:

❲ **Compitam uns com os outros pelo perdão de seu Senhor e pelo Paraíso, cuja largura é como a largura dos céus e da terra, que foi preparada para aqueles que crêem em Deus e Seus mensageiros...** ❳
(Alcorão, 57:21)

O Profeta Muhammad ☙ nos disse que o mais baixo em posição entre os habitantes do Paraíso terá dez vezes o equivalente a esse mundo [1], e ele ou ela terá o que ele ou ela desejar e dez vezes isso [2]. O Profeta Muhammad ☙ também disse: **{Um espaço no Paraíso equivalente ao tamanho de um pé seria melhor do que o mundo e tudo que ele contém.}** [3] Ele também disse: **{No Paraíso existem coisas que nenhum olho jamais viu, nenhum ouvido jamais ouviu, e nenhuma mente humana foi capaz de imaginar.}** [4] Ele também disse: **{O homem mais miserável no mundo entre aqueles destinados ao Paraíso será imerso uma vez no Paraíso. Então**

---

1) Narrado em *Saheeh Al-Bukhari*, 1, e *Saheeh Muslim*, #186.
2) Narrado em *Saheeh Al-Bukhari*, 2, e *Mosnad Ahmad* #10832.
3) Narrado em *Saheeh Al-Bukhari*, #6568, e *Mosnad Ahmad*, #13368.
4) Narrado em *Saheeh Muslim*, #2825, e *Mosnad Ahmad*, #8609.

ele será perguntado, "Filho de Adão, alguma vez você passou por miséria? Alguma vez enfrentou qualquer dificuldade?" Então ele dirá, "Não, por Deus, Ó Senhor! Eu nunca passei por qualquer miséria, e nunca enfrentei qualquer dificuldade."} [1]

Se você entrar no Paraíso viverá uma vida muito feliz sem doenças, dor, tristeza ou morte; Deus estará satisfeito com você; e você viverá lá para sempre. Deus disse no Alcorão:

❰ **Mas aqueles que crêem e fazem boas obras, Nós os admitiremos nos jardins (Paraíso) nos quais correm os rios, habitando lá para sempre...** ❱
(Alcorão, 4:57)

(2) Salvação do Inferno

Deus disse no Alcorão:

❰ **Aqueles que descreram e morreram em descrença, nem a terra cheia de ouro seria aceita de nenhum deles se fosse oferecida como resgate. Eles terão uma dolorosa punição, e não terão quem os socorra.** ❱
(Alcorão, 3:91)

Portanto, essa vida é nossa única chance de receber o Paraíso e escapar do Inferno, porque se alguém morre em descrença, não terá outra chance de voltar a esse mundo para crer. Como Deus disse no Alcorão sobre o que acontecerá com os descrentes no Dia do Juízo:

❰ **Se pudésseis ver quando eles foram colocados perante o Fogo (Inferno) e disseram, "Pudéssemos nós retornar (ao mundo)! Então nós não rejeitaríamos os versículos de nosso Senhor, mas seríamos uns dos crentes!"** ❱
(Alcorão, 6:27)

Mas ninguém terá essa segunda oportunidade.

---

1) Narrado em *Saheeh Muslim*, #2807, e *Mosnad Ahmad*, #12699.

O Profeta Muhammad ﷺ disse: {O homem mais feliz no mundo daqueles destinados ao Fogo (Inferno) no Dia do Juízo será mergulhado no Fogo apenas uma vez. Então ele será perguntado, "Filho de Adão, alguma vez vistes algo de bom? Alguma vez experimentastes alguma bênção?" Então ele dirá, "Não, por Deus, Ó Senhor!"}[1]

(3) Verdadeira Felicidade e Paz Interior

A verdadeira felicidade e a paz podem ser encontradas na submissão aos comandos do Criador e Sustentador deste mundo. Deus disse no Alcorão:

❝ Verdadeiramente, na lembrança de Deus o coração encontra descanso. ❞
(Alcorão, 13:28)

Por outro lado, aquele que se afasta do Alcorão terá uma vida de dificuldades nesse mundo. Deus disse:

❝ Quem quer que dê as costas do Alcorão 7, terá uma vida dura, e Nós os ressuscitaremos cego no Dia do Juízo ❞
(Alcorão, 20:124)

Isso pode explicar porque pessoas cometem suicídio enquanto desfrutam de todo o conforto material que o dinheiro pode comprar. Por exemplo, veja Cat Steves (agora Yusuf Islam), antes o famoso cantor pop que costumava ganhar algumas vezes mais do que U$ 150.000 por noite. Após se converter ao Islã ele encontrou felicidade verdadeira e paz, que não tinha encontrado no sucesso material.[3]

---

1) Narrado em *Saheeh Muslim*, #2807, e *Mosnad Ahmad*, #12699.
2) i.e. não acredita no Alcorão e nem age de acordo com suas ordens.
3) O endereço de correspondência atual de Cat Stevens (Yusuf Islam), caso você queira perguntar a ele sobre seus sentimentos após se converter ao Islã, é 2 Digswell Street, London N7 8JX, United Kingdom.

(4) Perdão para Todos os Pecados Anteriores

Quando alguém se converte ao Islã, Deus perdoa todos os seus pecados anteriores e maus atos. **Um homem chamado Amr foi ao Profeta Muhammad ﷺ e disse, "Dê-me sua mão direita de modo que eu possa fazer a minha promessa de lealdade." O Profeta ﷺ estendeu a sua mão direita. Amr retirou sua mão. O Profeta ﷺ disse: {O que aconteceu com você, Ó Amr?} Ele respondeu, " Eu pretendo impor uma condição." O Profeta ﷺ perguntou: {Qual condição você quer impor?} Amr disse, "Que Deus perdoe os meus pecados." O Profeta ﷺ disse: {Você não sabia que se converter ao Islã apaga todos os seus pecados anteriores?}**[1]

Após se converter ao Islã, a pessoa será recompensada por seus bons ou maus atos de acordo com o seguinte dito do Profeta Muhammad ﷺ: **{Seu Senhor, Que é abençoado e exaltado, é misericordioso. Se alguém intenciona fazer uma boa ação mas não faz, um bom ato é registrado para ele. E se alguém o faz (a recompensa de) dez a setecentas ou mais vezes (a recompensa de uma boa ação), será registrada para ele. E se alguém intenciona fazer uma má ação mas não a faz, uma boa ação será registrada para ele. E se ele a fizer, uma má ação será registrada contra ele ou Deus a eliminará.}**[2]

Capítulo 2

Alguns Benefícios do Islã

---

(1) Narrado em *Saheeh Muslim*, #121, e *Mosnad Ahmad*, #17357.
(2) Narrado em *Saheeh Muslim*, #2515, e *Mosnad Ahmad*, #131.

Capítulo 3

INFORMAÇÕES GERAIS SOBRE O ISLÃ

O que é o Islã?

A religião do Islã é a aceitação de e obediência aos ensinamentos de Deus que Ele revelou ao Seu último profeta, Muhammad ﷺ.

Algumas Crenças Islâmicas Básicas

1) Crença em Deus:

Os muçulmanos acreditam em um, único, incomparável Deus, Que não tem filho ou parceiro, e que nenhum outro tem o direito de ser adorado exceto Ele apenas. Ele é o verdadeiro Deus, e qualquer outra deidade é falsa. Ele tem os nomes mais magnificentes e sublimes atributos perfeitos. Ninguém compartilha de Sua divindade, nem de Seus atributos. No Alcorão, Deus Se descreve:

﴿ Diz, "Ele é Deus, o Único, Deus, para Quem as criaturas se voltam quando necessitam. Ele não gerou nem foi gerado, e não existe nada como Ele." ﴾
(Alcorão, 112:1-4)

Ninguém tem o direito de ser invocado, receber súplicas, orações, ou receber qualquer ato de adoração, exceto Deus apenas.

Capítulo 112 do Alcorão escrito na caligrafia árabe

Deus, apenas, é o Todo-Poderoso, o Criador, o Soberano e o Sustentador de tudo em todo o universo. Ele toma conta de todos os assuntos. Ele não precisa de nenhuma de Suas criaturas, e todas a Suas criaturas dependem Dele para todas as suas necessidades. Ele é o Oniouvinte, o Onividente e o Onipotente. Em uma maneira perfeita, o Seu conhecimento abrange todas as coisas, o aberto e o secreto, e o público e o privado. Ele sabe o que aconteceu, o que irá acontecer e como acontecerá. Nada acontece em todo o mundo, exceto pela Sua vontade. O que quer que Ele deseje é, e o que quer que Ele não deseje não é e nunca será. A Sua vontade está acima da vontade de todas as criaturas. Ele tem poder sobre todas as coisas, e Ele é capaz de fazer tudo. Ele é o Mais Gracioso, o Mais Misericordioso e o Mais Beneficente. Em um dos ditos do Profeta Muhammad ﷺ, nos é informado que Deus é mais misericordioso para com as Suas criaturas do que a mãe com a sua criança.[1] Deus está isento de injustiça e tirania. Ele é Sábio em todas as Suas ações e decretos. Se alguém quer algo de Deus, ele ou ela deve pedir a Deus diretamente, sem pedir a ninguém mais para interceder junto a Deus por ele ou ela.

Deus não é Jesus e Jesus não é Deus.[2] Até o próprio Jesus rejeitou essa idéia. Deus disse no Alcorão:

❰ **De fato descreram aqueles que disseram, "Deus é o Messias (Jesus), filho de Maria." O Messias disse, "Filhos de Israel, adorem a Deus, o meu Senhor e o seu. Quem quer que associe parceiros na adoração a Deus, então Deus proibiu o Paraíso para ele, e sua morada é o Fogo (Inferno). Para os malfeitores[3] não haverá quem os socorra."** ❱
(Alcorão, 5:72)

---

1) Narrado em *Saheeh Muslim*, #2754, e *Saheeh Al-Bukhari*, #5999.
2) Foi relatado pela Associated Press, em Londres, em 25 de Junho de 1984, que a maioria dos bispos anglicanos pesquisados pelo programa de televisão disse, "os cristãos não são obrigados a acreditar que Jesus Cristo seja Deus." A pesquisa abrangeu 31 dos 39 bispos da Inglaterra. O relatório afirmou mais adiante que 19 dos 31 bispos disseram que era suficiente considerer Jesus como "o agente supremo de Deus." A pesquisa foi conduzida pelo programa religioso seminal da London Weekend Television chamado "Credo."
3) Os malfeitores incluem os politeístas.

Deus não é uma trindade. Deus disse no Alcorão:

❨ **De fato descreram aqueles que disseram, "Deus é o terceiro de três (na trindade)," onde não existe divindade exceto Deus. Se eles não desistirem do que dizem, verdadeiramente, uma dolorosa punição cairá sobre os descrentes entre eles. Eles não se arrependerão e pedirão a Deus o Seu perdão? Porque Deus é Perdoador, o Mais Misericordioso. O Messias (Jesus), filho de Maria, não era mais que um mensageiro...** ❩
(Alcorão, 5:73-75)

O Islã rejeita que Deus descansou no sétimo dia da criação, que Ele lutou com um de Seus anjos, que Ele seja um conspirador invejoso contra a humanidade, ou que Ele tenha encarnado em qualquer ser humano. O Islã também rejeita a atribuição de qualquer forma humana a Deus. Tudo isso é considerado blasfêmia. Deus é o Exaltado. Ele está isento de toda imperfeição. Ele nunca se fatiga. Ele não fica tonto e nem dorme.

A palavra árabe *Allah* significa Deus (o único e verdadeiro Deus, Que criou todo o universo). Essa palavra Allah é o nome para Deus, que é usado pelas pessoas que falam a língua árabe, tanto os árabes muçulmanos quanto os árabes cristãos. Essa palavra não pode ser usada para designar qualquer outra coisa além do verdadeiro Deus. A palavra árabe *Allah* ocorre no Alcorão por volta de 2.700 vezes. Em aramaico, o idioma mais próximo do árabe e o idioma que Jesus falava[1], Deus também é chamado de Allah.

2) Crença nos Anjos:

Os muçulmanos acreditam na existência dos anjos e que eles são criaturas honradas. Os anjos adoram a Deus somente, O obedecem e agem apenas sob Seu comando. Entre os anjos está Gabriel, que trouxe a revelação do Alcorão para Muhammad ﷺ.

3) Crença nos Livros Revelados de Deus:

Os muçulmanos acreditam que Deus revelou livros aos Seus mensageiros como prova para a humanidade e orientação para eles. Entre esses livros está o Alcorão, que Deus revelou ao Profeta Muhammad ﷺ. Deus garantiu a proteção do Alcorão de qualquer

1) *NIV Compact Dictionary of the Bible* [NIV Compact Dictionary of the Bible], Douglas, p. 42.

corrupção ou distorção. Deus disse:

❰ **De fato, Nós enviamos o Alcorão, e certamente Nós o protegeremos (da corrupção).** ❱
(Alcorão, 15:9)

4) Crença nos Profetas e Mensageiros de Deus:

Os muçulmanos acreditam nos profetas e mensageiros de Deus, começando com Adão, incluindo Noé, Abraão, Ismael, Isaque, Jacó, Moisés e Jesus (que a paz esteja sobre eles). Mas a mensagem final de Deus para o homem, a confirmação da mensagem eterna, foi revelada ao Profeta Muhammad ﷺ. Os muçulmanos acreditam que Muhammad ﷺ é o último profeta enviado por Deus, como Deus disse:

❰ **Muhammad não é o pai de nenhum de seus homens, mas ele é um Mensageiro de Deus e o último dos profetas...** ❱
(Alcorão, 33:40)

Os muçulmanos acreditam que todos os profetas e mensageiros foram criados como seres humanos, que não tinham as qualidades divinas de Deus.

5) Crença no Dia do Juízo:

I musulmani credono nel giorno del giudizio (il giorno della Resurrezione) quando tutte le persone saranno resuscitate dal giudizio di Dio secondo le loro azioni e secondo la loro fede.

6) Crença no *Al-Qadar:*

Os muçulmanos acreditam no *Al-Qadar*, que é a Predestinação Divina, mas essa crença na Predestinação Divina não significa que os seres humanos não tenham livre-arbítrio.

Ao contrário, os muçulmanos acreditam que Deus deu aos seres humanos o livre-arbítrio. Isso significa que eles podem escolher certo ou errado, e que eles são responsáveis por suas escolhas.

A crença na Predestinação Divina inclui a crença em quatro coisas: 1) Deus sabe tudo. Ele sabe o que aconteceu e o que acontecerá. 2) Deus registrou tudo que aconteceu e tudo que acontecerá. 3) O que quer que Deus deseje que aconteça acontece, e o que quer que Ele não deseja que aconteça não acontece. 4) Deus é o Criador de tudo.

Existe Outra Fonte Sagrada Além do Alcorão?

Sim. A sunnah (o que o Profeta Muhammad ﷺ disse, fez ou aprovou) é a segunda fonte no Islã. A sunnah é compreendida de hadiths, que são relatos transmitidos de forma confiável pelos companheiros do Profeta Muhammad ﷺ do que ele disse, fez ou aprovou. Acreditar na sunnah é uma crença islâmica básica.

Exemplos de Ditos do Profeta Muhammad ﷺ

- **{Os crentes, em seu amor, misericórdia e gentileza uns com os outros são como um corpo: se qualquer parte fica doente, o corpo inteiro compartilha de sua insônia e febre.}**[1]
- **{O mais perfeito entre os crentes na fé é o melhor entre eles na moral. E o melhor entre eles são aqueles que são os melhores para suas esposas.}**[2]
- **{Nenhum de vocês acredita (completamente) até que deseje para seu irmão o que deseja para si mesmo.}**[3]
- **{Os misericordiosos recebem misericórdia do Misericordioso. Tenha misericórdia com aqueles na terra e Deus terá misericórdia com você.}**[4]
- **{Sorrir para o seu irmão é caridade.}**[5]
- **{Uma palavra amiga é caridade.}**[6]
- **{Quem quer que acredite em Deus e no Último Dia (o Dia do Juízo) deve ser bom para o seu vizinho.}**[7]
- **{Deus não os julga pela sua aparência e sua riqueza, mas Ele olha em seus corações e suas ações.}**[8]

1) Narrado em *Saheeh Muslim*, #2586, e *Saheeh Al-Bukhari*, #6011.
2) Narrado em *Saheeh Muslim*, #7354, e *Mosnad Ahmad*, #1162.
3) Narrado em *Saheeh Muslim*, #13, e *Saheeh Al-Bukhari*, #45.
4) Narrado em *Al-Tirmizi*, # 1924 e *Abu-Dawood*, # 4941.
5) Narrado em *Al-Tirmizi*, #1956.
6) Narrado em *Saheeh Muslim*, #1009, e *Saheeh Al-Bukhari*, #2989.
7) Narrado em *Saheeh Muslim*, #48, e *Saheeh Al-Bukhari*, #6019.
8) Narrado em *Saheeh Muslim*, #2564.

Capítulo 3
Informações Gerais sobre o Islã

- {Pague o trabalhador antes que o seu suor seque.}[1]
- {Um homem passando por um caminho se sentiu muito sedento. Ao chegar a um poço ele desceu, bebeu à vontade e subiu. Então ele viu um cão com sua língua pendurada, tentando lamber a lama para matar a sua sede. O homem disse, "Esse cão está sentindo a mesma sede que eu senti." Assim ele desceu no poço novamente, encheu seu sapato com água e deu de beber ao cão. Então, Deus o recompensou e perdoou seus pecados.} Perguntaram ao Profeta ﷺ, "Mensageiro de Deus, nós somos recompensados pelo bom tratamento dispensado aos animais?" Ele disse: {Existe uma recompensa para a gentileza com qualquer animal ou humano vivente.}[2]

O Que o Islã Diz sobre o Dia do Juízo?

Como os cristãos, os muçulmanos acreditam que a vida presente é apenas um teste para o próximo campo de existência. Esta vida é um teste para cada indivíduo para a vida após a morte. Chegará um dia quando todo o universo será destruído e os mortos serão ressuscitados, para o julgamento perante Deus. Esse dia será o começo de uma vida que nunca terminará. Esse dia é o Dia do Juízo. Nesse dia todas as pessoas serão recompensadas por Deus de acordo com suas crenças e atos. Aqueles que morreram acreditando que **"Não existe deus mas Deus, e Muhammad é o Mensageiro (Profeta) de Deus"** e são muçulmanos, serão recompensados naquele dia e serão admitidos no Paraíso para sempre, como Deus disse:

❰ **E aqueles que crêem e fazem boas ações, serão os habitantes do Paraíso, onde habitarão para sempre.** ❱ (Alcorão, 2:82)

1) Narrado em *Ibn Majah*, #2443.
2) Narrado em *Saheeh Muslim*, #2244, e *Saheeh Al-Bukhari*, #2466.

Mas aqueles que morreram não acreditando que **"Não existe deus mas Deus, e Muhammad é o Mensageiro (Profeta) de Deus"** ou não são muçulmanos, perderão o Paraíso para sempre e serão enviados para o Inferno, como Deus disse:

❨ **E quem quer que busque outra religião além do Islã, não será aceita e ele se contará entre os perdedores da Vida Futura.** ❩
(Alcorão, 3:85)

E como Ele disse:

❨ **Aqueles que descreram e morreram em descrença, nem a terra cheia de ouro seria aceita de nenhum deles se fosse oferecida como resgate. Eles sofrerão uma dolorosa punição, e não terão socorredores.** ❩
(Alcorão, 3:91)

Alguém pode perguntar, "Eu acho que o Islã é uma boa religião, mas se eu me converter ao Islã, minha família, amigos e outras pessoas me perseguirão e caçoarão de mim. Então, se eu não me converter ao Islã, eu entrarei no Paraíso e serei salvo do Inferno?"

A resposta é a que Deus disse no versículo anterior, "E quem quer que busque outra religião além do Islã, não será aceita e ele se contará entre os perdedores na Vida Futura."

Depois de ter enviado o Profeta Muhammad ﷺ para chamar as pessoas para o Islã, Deus não aceitou aderência a nenhuma religião além do Islã. Deus é nosso Criador e Sustentador. Ele criou para nós tudo o que está na terra. Todas as bênçãos e coisas boas que temos vieram Dele. Então, depois de tudo isso, quando alguém rejeita a crença em Deus, Seu Profeta Muhammad ﷺ, ou Sua religião do Islã, é justo que ele ou ela seja punido na Outra Vida. De fato, o propósito maior de nossa criação é adorar a Deus somente e obedecê-Lo, como Deus disse no Alcorão Sagrado (51:56).

Essa vida que vivemos hoje é muito curta. Os descrentes no Dia do Juízo pensarão que a vida que viveram na terra foi de apenas um dia ou parte de um dia, como Deus disse:

❨ Ele (Deus) dirá, "Quantos anos vocês ficaram na terra?"
Eles dirão: "Nós ficamos um dia ou parte de um dia..." ❩
(Alcorão, 23:112-113)

E como Ele disse:

❨ Pensastes que Nós vos criamos em vão (sem qualquer
propósito) e que não seríeis retornados a Nós (na Vida
Futura)? Então, Deus é exaltado, o Verdadeiro Rei.
Ninguém tem o direito de ser adorado, exceto Ele... ❩
(Alcorão, 23:115-116)

A vida na Vida Futura é uma vida muito real. Não é apenas espiritual,
mas física também. Nós viveremos lá com nossas almas e corpos.

Comparando esse mundo com a Outra Vida, o Profeta Muhammad
❀ disse: {O valor desse mundo comparado com o da Outra Vida é
como o que os seus dedos trazem do mar quando você os coloca nele
e tira depois.}[1] O significado é que o valor desse mundo comparado
com o da Outra Vida é como algumas gotas de água comparadas com o
oceano

Como Alguém se Torna Muçulmano?

Simplesmente dizendo com convicção, *"La ilaha illa Allah,
Muhammadur rasoolu Allah,"* alguém se converte ao Islã e se torna
um muçulmano. Essa frase significa *"Não existe verdadeiro deus
(divindade) exceto Deus (Allah)*[2] *e Muhammad é o Mensageiro
(Profeta) de Deus."* A primeira parte, "Não existe verdadeiro deus
exceto Deus", significa que ninguém tem o direito de ser adorado mas
Deus apenas, e que Deus não tem nem parceiro ou filho. Para ser um
muçulmano, deve-se também:

- Acreditar que o Alcorão Sagrado é a palavra literal de Deus,
  revelada por Ele.

1) Narrado em *Saheeh Muslim*, #2858, e *Mosnad Ahmad*, #17560.
2) Como foi mencionando anteriormente, a palavra árabe *Allah* significa Deus (o único e
verdadeiro Deus Que criou todo o universo). A palavra *Allah* é o nome para Deus, que é usado
pelas pessoas que falam a língua árabe, tanto os árabes muçulmanos quanto os árabes cristãos.

- Acreditar que o Dia do Juízo (o Dia da Ressurreição) é verdade e chegará, como Deus prometeu no Alcorão.
- Aceitar o Islã como sua religião.
- Não adorar a nada nem ninguém, exceto Deus.

O Profeta Muhammad ﷺ disse: {**Deus se compraz mais no arrependimento de alguém que se volta para Ele em arrependimento do que alguém seria se estivesse cavalgando seu camelo no deserto e ele foge levando sua comida e bebida, de modo que ele perde toda a esperança de o camelo retornar. Ele vai para uma árvore e se deita em sua sombra (esperando a morte), porque ele perdeu toda a esperança de achar seu camelo. Então, enquanto ele está naquele estado (de desespero), de repente o camelo aparece na sua frente! Então ele pega a sua rédea e grita do fundo de sua alegria, "Ó Deus, Tu és meu servo e eu sou Seu Senhor!" Seu erro vem da intensidade de sua alegria.**}[1]

O dito "Não existe nenhum deus verdadeiro exceto Deus e Muhammad é o Mensageiro (Profeta) de Deus", inscrito sobre uma entrada.

1) Narrado em *Saheeh Muslim*, #2747, e *Saheeh Al-Bukhari*, #6309.

Sobre o que é o Alcorão?

O Alcorão, a última palavra revelada de Deus, é a fonte primária de toda a crença e prática do muçulmano. Ele lida com todos os assuntos que interessam aos seres humanos: sabedoria, doutrina, adoração, transações, lei, etc., mas seu tema básico é a relação entre Deus e Suas criaturas. Ao mesmo tempo, ele provê orientações e ensinamentos detalhados para uma sociedade justa, conduta humana adequada, e um sistema econômico eqüitativo.

Note que o Alcorão foi revelado a Muhammad ﷺ apenas em árabe. Portanto, qualquer tradução do Alcorão, seja em inglês ou outro idioma qualquer, não é o Alcorão nem uma versão do Alcorão, mas apenas uma tradução do significado do Alcorão. O Alcorão existe apenas no árabe, no qual foi revelado.

Quem é o Profeta Muhammad ﷺ?

Muhammad ﷺ nasceu em Meca no ano de 570. Uma vez que seu pai morreu antes do seu nascimento e sua mãe morreu pouco depois, ele foi educado por seu tio, que era da respeitada tribo do Coraix. Ele cresceu iletrado, incapaz de ler ou escrever, e permaneceu assim até a sua morte. Seu povo, antes de sua missão como um profeta, era ignorante da ciência e a maioria deles era iletrada. Quando ele cresceu, ele se tornou conhecido por ser confiável, honesto, generoso e sincero. Ele era tão confiável que eles o chamam de Confiável.[1] Muhammad ﷺ era muito religioso, e há muito tempo ele detestava a decadência e idolatria de sua sociedade.

Na idade de quarenta anos, Muhammad ﷺ recebeu sua primeira revelação de Deus através do Anjo Gabriel. As revelações continuaram por vinte e três anos, e elas são conhecidas coletivamente como o Alcorão.

1) Narrado em *Mosnad Ahmad*, #15078

A Mesquita do Profeta Muhammad ﷺ em Medina.

Assim que ele começou a recitar o Alcorão e a pregar a verdade que Deus tinha revelado a ele, ele e seu pequeno grupo de seguidores sofreram perseguições dos descrentes. A perseguição aumentou tanto que no ano de 622 Deus deu a eles a ordem para emigrar. Essa emigração de Meca para a cidade de Medina, em torno de 260 milhas ao norte, marca o começo do calendário islâmico.

Depois de vários anos, Muhammad ﷺ e seus seguidores foram capazes de retornar a Meca, onde perdoaram seus inimigos. Antes de Muhammad ﷺ morrer, na idade de sessenta e três anos, a maior parte da Península Arábica tinha se tornado muçulmana, e dentro de um século de sua morte, o Islã se espalhou da Espanha no Ocidente até tão longe no Oriente quanto a China. Entre as razões para o rápido e pacífico crescimento do Islã estava a verdade e claridade de sua doutrina. O Islã chama para a fé em um único Deus, Que é o único merecedor de adoração.

O Profeta Muhammad ﷺ foi um exemplo perfeito de um ser humano honesto, justo, misericordioso, compassivo, verdadeiro e corajoso. Embora ele fosse um homem, todas as características ruins foram removidas dele e ele se empenhou exclusivamente em nome de Deus e Sua recompensa na Outra Vida. Além disso, em todas as suas ações e transações, ele era sempre consciente e temeroso a Deus.

Como o Crescimento do Islã Afetou o Desenvolvimento da Ciência?

O Islã instrui o homem a usar seus poderes de inteligência e observação. Dentro de poucos anos do crescimento do Islã, grandes civilizações e universidades oresceram. A síntese das idéias orientais e ocidentais, e dos novos pensamentos com os antigos, trouxeram grandes avanços na medicina, matemática, física, astronomia, geografia, arquitetura, artes, literatura e história. Muitos sistemas cruciais, como a álgebra, os números arábicos, e o conceito de zero (vital para o avanço da matemática), foram transmitidos à Europa medieval pelo mundo muçulmano. Instrumentos sofisticados que tornaram possíveis as viagens européias de descobrimentos,

O Astrolábio: Um dos mais importantes instrumentos científicos desenvolvido pelos muçulmanos, que também foi amplamente usado no Ocidente até tempos modernos.

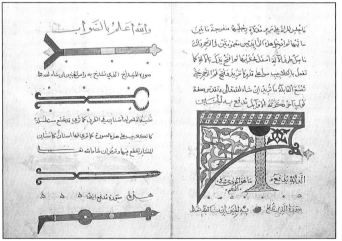

Os médicos muçulmanos prestavam muita atenção à cirurgia e desenvolveram muitos instrumentos cirúrgicos como visto nesse antigo manuscrito.

tais como o astrolábio, o quadrante, e os bons mapas de navegação, também foram desenvolvidos pelos muçulmanos.

O Que os Muçulmanos Acreditam Sobre Jesus?

Os muçulmanos respeitam e reverenciam Jesus (que a paz esteja sobre ele). Eles o consideram um dos grandes mensageiros de Deus para a humanidade. O Alcorão confirma seu nascimento virginal, e um capítulo do Alcorão é intitulado 'Mariam' (Maria). O Alcorão descreve o nascimento de Jesus como se segue:

❨ (Lembre) quando os anjos disseram, "Ó Maria, Deus deu a você boas novas de uma palavra vinda Dele (Deus), cujo nome é o Messias Jesus, filho de Maria, reverenciado nesse mundo e no Outro, e um dos próximos (a Deus). Ele falará às pessoas de seu berço e como homem, ele será um dos virtuosos." Ela disse, "Meu Senhor, como poderei ter um filho se nenhum mortal me tocou?" Ele disse, "Assim (será). Deus cria o que Ele quer. Se Ele decreta algo, Ele diz apenas 'Seja!' e é." ❩
(Alcorão, 3:45-47)

Jesus nasceu miraculosamente pelo comando de Deus, o mesmo comando que trouxe Adão à existência sem pai ou mãe. Deus disse:

❨ O caso de Jesus com Deus é semelhante ao caso de Adão. Ele o criou do pó, e então Ele disse a ele, "Seja!" e ele veio a existir. ❩
(Alcorão, 3:59)

Durante sua missão profética, Jesus realizou muitos milagres. Deus nos diz que Jesus disse:

❨ Eu vim a vós com um sinal de vosso Senhor. Eu vos criarei da argila uma figura igual a um pássaro e nela soprarei e se tornará um pássaro, pela permissão de Deus. Eu curarei o cego de nascimento e o leproso. E trarei o morto para a vida, pela permissão de Deus. E vos direi o que comeis e o que estocais em vossas casas... ❩
(Alcorão, 3:49)

Os muçulmanos não acreditam que Jesus foi crucificado. Foi um plano dos inimigos de Jesus crucificá-lo, mas Deus o salvou e o elevou para Ele. E a aparência de Jesus foi colocada sobre outro homem. Os inimigos de Jesus pegaram esse homem e o crucificaram, pensando que ele fosse Jesus. Deus disse:

❮...Eles dizem, "Nós matamos o Messias Jesus, filho de Maria, o mensageiro de Deus." Eles não o matarem nem o crucificaram, mas a aparência dele foi colocada sobre outro homem (e eles mataram esse homem)... ❯ (Alcorão, 4:157)

Nem Muhammad ﷺ e nem Jesus vieram para mudar a doutrina básica da crença em um Deus único, trazida pelos profetas anteriores, mas sim confirmá-la e renová-la.[1]

A Mesquita de Al-Aqsa em Jerusalém.

1) Os muçulmanos também acreditam que Deus revelou um livro sagrado a Jesus chamado *Injeel*, sendo que algumas partes podem continuar disponíveis nos ensinamentos de Deus a Jesus no Novo Testamento. Mas não significa que os muçulmanos acreditam na Bíblia que temos hoje porque ela não é a escritura original que foi revelada por Deus. Ela sofreu alterações, adições e omissões. Isso também foi dito pelo Comitê encarregado de revisar a Bíblia Sagrada *The Holy Bible (Revised Standard Version)*. Esse Comitê consistia de trinta e dois estudiosos que serviram como membros do Comitê. Eles garantiram a revisão e aconselhamento de um Quadro Consultivo de cinqüenta representantes de denominações cooperativas. O Comitê disse no Prefácio para a Bíblia Sagrada *The Holy Bible (Revised Standard Version)*, p. iv, "Algumas vezes é evidente que o texto sofreu na transmissão, mas nenhuma das versões fornece uma restauração satisfatória. Nós podemos apenas seguir o melhor julgamento de estudiosos competentes em relação a mais provável reconstrução do texto original." O Comitê também disse no Prefácio, p. vii, "Notas foram acrescentadas que indicam variações, adições ou omissões significativas nas autoridades antigas. (Mateus 9:34; Marcos 3:16; 7:4; Lucas 24:32, 51, etc.)"

O Que o Islã Diz sobre Terrorismo?

O Islã, a religião da misericórdia, não permite terrorismo. No Alcorão, Deus disse:

> « Deus não vos proíbe de demonstrar gentileza e lidar de forma justa com aqueles que não vos combateram por causa da religião e não vos expulsaram de vossas casas. Deus ama os justos. »
> (Alcorão, 60:8)

O Profeta ﷺ costumava proibir os soldados de matar mulheres e crianças[1], e ele os avisava: {...Não traiam, não sejam excessivos, não matem um recém-nascido.}[2] E ele também disse: {Quem quer que mate uma pessoa que fez um tratado com os muçulmanos não deve sentir a fragrância do Paraíso, embora sua fragrância seja sentida por um período de quarenta anos.}[3]

O Profeta Muhammad ﷺ também proibiu a punição com o fogo.[4]

Uma vez ele listou o assassinato como o segundo maior dos pecados[5] e advertiu que no Dia do Juízo, {Os primeiros casos a serem ouvidos entre as pessoas no Dia do Juízo serão os de derramamento de sangue.[6]}[7]

Os muçulmanos são encorajados a serem gentis com os animais e são proibidos de feri-los. Uma vez o Profeta Muhammad ﷺ disse: {Uma mulher foi punida porque aprisionou um gato até que ele morresse. Por causa disso, ela foi enviada ao Inferno. Enquanto ela o manteve preso, ela não deu ao gato comida ou água, nem o libertou para comer os insetos da terra.}[8]

Ele também disse que um homem deu de beber a um cão muito sedento, e Deus perdoou seus pecados por essa atitude. Perguntaram ao Profeta ﷺ, "Mensageiro de Deus, nós somos recompensados pelo bom tratamento dispensado aos animais?" Ele disse: {Existe uma

---

1) Narrado em *Saheeh Muslim*, #1744, e *Saheeh Al-Bukhari*, #3015.
2) Narrado em *Saheeh Muslim*, #1731, e *Saheeh Al-Tirmizi*, #1408.
3) Narrado em *Saheeh Al-Bukhari*, #3166, e *Ibn Majah*, #2686.
4) Narrado em *Abu-Dawood*, #2675.
5) Narrado em *Saheeh Al-Bukhari*, #6871, e *Saheeh Muslim*, #88.
6) Significa matança e ferimentos.
7) Narrado em *Saheeh Muslim*, #1678, e *Saheeh Al-Bukhari*, #6533.
8) Narrado em *Saheeh Muslim*, #2422, e *Saheeh Al-Bukhari*, #2365.

recompensa para a gentileza com qualquer animal ou humano vivente.}[1]

Adicionalmente, quando tiram a vida de um animal para alimento, os muçulmanos são ordenados a fazê-lo de forma que cause o menor sofrimento e medo possíveis. O Profeta Muhammad ﷺ disse: **{Quando abater um animal, faça-o da melhor maneira. Deve amolar sua faca para reduzir o sofrimento do animal.}**[2]

À luz destes e outros textos islâmicos, o ato de incitar o terror nos corações de civis indefesos, a destruição desenfreada de prédios e propriedades, o bombardeio e mutilação de homens, mulheres e crianças inocentes são todos atos proibidos e detestáveis de acordo com o Islã e os muçulmanos. Os muçulmanos seguem uma religião de paz, misericórdia e perdão, e a vasta maioria não tem nada a ver com os eventos violentos que alguns associaram aos muçulmanos. Se um muçulmano cometer um ato de terrorismo, essa pessoa seria culpada de violar as leis do Islã.

Direitos Humanos e Justiça no Islã

O Islã fornece muitos direitos humanos para o indivíduo. A seguir alguns desses direitos humanos que o Islã protege.

A vida e propriedade de todos os cidadãos em um estado islâmico são consideradas sagradas, seja essa pessoa muçulmana ou não. O Islã também protege a honra. Portanto, no Islã, insultar outras pessoas ou caçoar delas não é permitido. O Profeta Muhammad ﷺ disse: **{Verdadeiramente seu sangue, sua propriedade e sua honra são invioláveis.}**[3]

O racismo não é permitido no Islã, porque o Alcorão fala de igualdade humana nos seguintes termos:

◀ Ó humanos, Nós os criamos de um macho e uma fêmea e os separamos em nações e tribos para que conhecessem uns aos outros. Verdadeiramente, o mais nobre entre vocês para Deus é o mais piedoso.4 Verdadeiramente, Deus é Onisciente ▶ (Alcorão, 49:13)

---

1) Esse dito de Muhammad ﷺ foi mencionado em detalhes na página 52. Narrado em *Saheeh Muslim*, #2244, e *Saheeh Al-Bukhari*, #2466.
2) Narrado em *Saheeh Muslim*, #1955, e *Al-Tirmizi*, #1409.
3) Narrado em *Saheeh Muslim*, #1739, e *Mosnad Ahmad*, #2037.
4) Uma pessoa piedosa é um crente que se abstém de todas as formas de pecados, realiza todas as boas ações que Deus nos ordenou e teme e ama a Deus.

O Islã rejeita que certos indivíduos ou nações sejam favorecidos por conta de sua riqueza, poder ou raça. Deus criou os seres humanos como iguais que são para serem distinguidos uns dos outros apenas com base na sua fé e piedade. O Profeta Muhammad ﷺ disse: **{Ó povo! Seu Deus é um e seu pai (Adão) é um.**

Um árabe não é melhor que um não-árabe e um não-árabe não é melhor que um árabe, e uma pessoa vermelha[1] (isto é, branco tingido de vermelho) não é melhor que uma pessoa negra e uma pessoa negra não é melhor que uma pessoa vermelha, exceto em piedade.}[2]

Um dos maiores problemas enfrentados pela humanidade hoje é o racismo. O mundo desenvolvido pode enviar um homem à lua mas não pode impedir o homem de odiar e combater seu semelhante. Desde os dias do Profeta Muhammad ﷺ o Islã forneceu exemplos vívidos de como o racismo pode ser terminado. A peregrinação anual (*Hajj*) à Meca mostra a irmandade islâmica real de todas as raças e nações, quando em torno de dois milhões de muçulmanos de todo o mundo vão à Meca fazer a peregrinação.

O Islã é a religião da justiça. Deus disse:

❨ **Verdadeiramente Deus ordena que devolvais o que lhes foi confiado a seus donos, e que quando julgardes entre as pessoas, que julgueis com justiça...** ❩ **(Alcorão, 4:58)**

E Ele disse:

❨ **E sede justos. Verdadeiramente, Deus ama aqueles que são justos.** ❩ **(Alcorão, 49:9)**

---

1) As cores mencionadas nesse dito profético são exemplos. O significado é que no Islã ninguém é melhor que outro por causa de sua cor, seja branco, preto, vermelho, ou qualquer outra cor.
2) Narrado em *Mosnad Ahmad*, #22978.

Nós devemos ser justos inclusive com aqueles que odiamos, como Deus disse:

❰ ..E que o ódio para com um povo não vos induza à injustiça. Sede justos: isso é o mais próximo da piedade... ❱
(Corano, 5:8)

O Profeta Muhammad ﷺ disse: {**Povo, cuidado com a injustiça¹, porque a injustiça deve ser a escuridão no Dia do Juízo.**}²

E aqueles que não receberam os seus direitos (isto é, que tem uma reclamação justa) nessa vida os receberão no Dia do Juízo, como o Profeta ﷺ disse: {No Dia do Juízo, os direitos serão dados a quem de direito (e os erros serão corrigidos...}³

Qual é a Condição das Mulheres no Islã?

O Islã vê a mulher, solteira ou casada, como um indivíduo independente, com o direito de ter e dispor de sua propriedade e ganhos sem qualquer custódia legal sobre ela (seja do pai, marido ou qualquer outra pessoa). Ela tem direito de comprar e vender, dar presentes e caridade, e pode gastar seu dinheiro como quiser. Um dote de casamento é dado pelo noivo para a noiva para seu uso pessoal, e ela mantém seu nome de família ao invés de tomar o nome da família do marido.

O Islã encoraja o marido a tratar sua esposa bem, como o Profeta Muhammad ﷺ disse: {**O melhor entre vocês são aqueles que são os melhores para suas esposas.**}⁴

As mães no Islã são altamente honradas. O Islã recomenda tratá-las da melhor maneira. **Um homem veio ao Profeta Muhammad ﷺ e disse, "Ó Mensageiro de Deus! Quem entre as pessoas é mais merecedora do meu melhor companheirismo?" O Profeta ﷺ disse: {Sua mãe.}**

1) i.e. oprimindo outros, agindo injustamente, ou cometendo erros em relação às outras pessoas.
2) Narrado em *Mosnad Ahmad*, #5798 e *Saheeh Al-Bukhari*, #2447.
3) Narrado em *Saheeh Muslim*, #2582, e *Mosnad Ahmad*, #7163.
4) Narrado em *Ibn Majah*, #1978 e *Al-Tirmizi*, #3895.

O homem disse, "E depois quem?" O Profeta ﷺ disse: {Depois sua mãe.} O homem perguntou novamente, "E depois quem?" O Profeta ﷺ disse: {Depois sua mãe.} O homem perguntou mais uma vez, "E depois quem?" O Profeta ﷺ disse: {Então seu pai.}[1]

A Família no Islã

A família, que é a unidade básica da civilização, está agora se desintegrando. O sistema familiar do Islã traz os direitos do marido, esposa, filhos e parentes para um delicado equilíbrio. Ele nutre o comportamento despojado, a generosidade e amor na estrutura de um sistema familiar bem organizado. A paz e segurança oferecidos por uma unidade familiar estável são altamente valorizados e vistos como essenciais para o crescimento espiritual de seus membros. Uma ordem social harmoniosa é criada pela existência de famílias estendidas e pela alta estima às crianças.

Como os Muçulmanos Tratam os Idosos?

No mundo islâmico, raramente se encontram "asilos para idosos." O esforço de cuidar dos pais no momento mais difícil de suas vidas é considerado uma honra, uma bênção e uma oportunidade para um grande crescimento espiritual. No Islã, não é suficiente que apenas se ore pelos pais, mas devemos agir com compaixão sem limite, lembrando de quando éramos crianças indefesas e eles nos preferiram a si próprios. As mães são particularmente honradas. Quando os pais muçulmanos atingem a velhice, eles são tratados com misericórdia, gentileza e sem egoísmos.

No Islã, servir aos pais é um dever secundário apenas à oração e é direito deles esperar por isso. É considerado desprezível expressar qualquer irritação quando, sem qualquer culpa deles, a velhice se torna difícil.

Deus disse:

❨ Teu Senhor ordenou que não adoreis a ninguém exceto Ele, e ordenou benevolência para com os pais.

1) Narrado em *Saheeh Muslim*, #2548, e *Saheeh Al-Bukhari*, #5971.

Se um deles ou ambos alcançar a velhice, não lhes digas uma palavra de desrespeito nem os maltrates, mas sim palavras generosas. E sejais humildes com eles na misericórdia, e digas, "Meu Senhor, tem misericórdia deles, porque eles cuidaram de mim quando eu era pequeno." 〉
(Alcorão, 17:23-24)

Quais São os Cinco Pilares do Islã?

Os Cinco Pilares do Islã são o suporte da vida islâmica. Eles são o testemunho de fé, a oração, pagar o *zakat* (apoiar os necessitados), jejuar durante o mês de Ramadã, e a peregrinação à Meca uma vez na vida para aqueles que são capazes.

1) O Testemunho de Fé:

O testemunho de fé é dizer com convicção, *"La ilaha illa Allah, Muhammadur rasoolu Allah."* Essa frase significa *"Não existe verdadeiro deus (divindade) exceto Deus (Allah) e Muhammad é o Mensageiro (Profeta) de Deus."* A primeira parte, *"Não existe verdadeiro deus exceto Deus"*, significa que ninguém tem o direito de ser adorado mas Deus apenas, e que Deus não tem nem parceiro ou filho. O testemunho de fé é chamado de Shahada, uma fórmula simples que deve ser dita com convicção de modo a converter ao Islã (como explicado previamente). O testemunho de fé é o pilar mais importante do Islã.

2) Oração:

Os muçulmanos oram cinco vezes ao dia. Cada oração não toma mais do que poucos minutos. A oração no Islã é um elo direto entre o adorador e Deus. Não existem intermediários entre Deus e o adorador.

Na oração, a pessoa sente felicidade interior, paz e conforto, e que Deus está satisfeito com ele ou ela. O Profeta Muhammad ﷺ disse: {Bilal, chame (as pessoas) para a oração, deixe-nos ser confortado por ela.}[1] Bilal era um dos companheiros de Muhammad ﷺ que foi encarregado de chamar as pessoas para as orações.

As orações eram feitas na alvorada, meio-dia, meio da tarde, pôr-do-sol e noite. Um muçulmano poder orar praticamente em qualquer lugar, tais como campos, escritórios, fábricas ou universidades.

1) Narrado em *Abu-Dawood*, #4985, e *Mosnad Ahmad*, #22578.

3) Pagamento do *Zakat* (Apoio aos Necessitados):

Todas as coisas pertencem a Deus, e a riqueza portanto é mantida pelos seres humanos em custódia. O significado original da palavra *zakat* é "purificação" e "crescimento". Dar o *zakat* significa 'dar uma porcentagem específica sobre certas propriedades para certas classes de pessoas necessitadas.' A porcentagem que é devida sobre ouro, prata, e fundos em dinheiro que alcançaram o volume  de aproximadamente 85 gramas de ouro mantidas em posse por um ano lunar é dois e meio por cento. Nossas posses são purificadas ao reservarmos uma pequena porção para os necessitados, e, como a poda das plantas, esse corte equilibra e encoraja novo crescimento.

Uma pessoa também pode doar tanto quanto ela quiser como caridade voluntária.

4) Jejum do Mês de Ramadã:

Cada ano no mês de Ramadã[1], todos os muçulmanos jejuam da alvorada até o pôr-do-sol, se abstendo de comida, bebida e relações sexuais.

Embora o jejum seja benéfico à saúde, ele é considerado principalmente um método de autopurificação espiritual. Ao se desligar dos confortos mundanos, mesmo por um curto período de tempo, uma pessoa em jejum adquire simpatia verdadeira por aqueles que têm fome, e cresce em sua vida espiritual.

5) A Peregrinação à Meca:

A peregrinação anual (*Hajj*) à Meca é uma obrigação uma vez na vida para aqueles que são física e financeiramente capazes de fazê-la. Em torno de dois milhões de pessoas vão à Meca cada ano, vindas de todos os cantos do globo. Embora Meca esteja sempre

---

1) O mês de Ramadã é o nono mês do calendário islâmico (que é lunar, não solar).

cheia de visitantes, o *Hajj* anual é realizado no décimo segundo mês do calendário islâmico. Os peregrinos homens usam roupas simples que retiram as distinções de classe e cultura de modo que todos se apresentam igualmente perante Deus.

Peregrinos orando na mesquita do *Haram* em Meca. Nessa mesquita está a Caaba (a construção negra na foto) para a qual os muçulmanos se voltam quando em oração. A Caaba é o local de adoração que Deus ordenou que os Profetas Abraão e seu filho, Ismael, construíssem.

Os rituais do Hajj incluem circungirar a Caaba sete vezes e correr sete vezes entre os montes de Safa e Marwa, como Agar fez durante sua busca por água. Então os peregrinos se reúnem em Arafat[1] e pedem a Deus o que desejam e por Seu perdão, no que é freqüentemente visto como uma prévia do Dia do Juízo.

O fim do *Hajj* é marcado pelo festival, *Eid Al-Adha*, que é celebrado com orações. Esse, e *Eid al-Fitr*, um dia de festa comemorando o fim do Ramadã, são os dois festivais anuais do calendário islâmico.

_____

1) Uma área a 15 milhas de Meca.

Para Mais Informações Sobre Islã

Se você quer saber mais sobre o Islã, alguma pergunta ou sugestão ou para cópias impressas deste livro, por favor, visite o site desta obra no site:

www.islam-guide.com/pt

Sugestões E Comentários

Se você tiver alguma sugestão ou comentário sobre este livro, por favor, envie um e-mail ao autor I. A. Ibrahim :

E-mail: ib-pt@i-g.org • Fone: (966-1) 454-1065 • Fax: (966-1) 453-6842 • PO Box: 21679, Riyadh 11485, Arábia Saudita.

REFERÊNCIAS

Ahrens, C. Donald. 1988. *Meteorology Today* [A Meteorologia Hoje]. Terceira Edição. São Paulo: Companhia Oeste Publicações.

Anderson, Raph K.; e Outros.1978. *The Use of Satellite Pictures in Weather Analysis and Forecasting* [O Uso de Fotos de Satélites na Analise e Previsão Meteorológica]. Geneva: Organização Mundial de Secretariado Meteorológico.

Anthes, Richard A.; John J. Cahir Alistair B. Fraser e Hans A. Panofsky. 1981. *The Atmosphere* [A Atmosfera]. Terceira Edição. Columbus: Companhia de Publicação Charles E. Merrill.

Barker, Kenneth; e Outros. 1985. *The NIV Study Bible, New International Version* [O Estudo NIV da Bíblia, e Versão do Novo Testamento]. Grand Rapids, Michigan: Casa de Publicações Zondervan.

Bodin, Svante. 1978. *Weather and Climat* [Clima e Tempo]. Poole, Dorest: Editora Blandford Ltda.

Cailleux, André. 1968. *Anatomy of the Earth* [Anatomia da Terra]. Londres: Biblioteca Universidade Mundial.

Couper, Heather; e Nigel Henbest. 1995. *The Space Atlas* [O Atlas Espacial]. Londres: Dorling Kindersley Limitado.

Davis, Richard A., Jr. 1972. *Principles of Oceanography* [Princípios da Oceanografia]. Don Mills, Ontário: Companhia Publicações Addison-Wesley.

Douglas, J. D.; e Merrill C. Tenney. 1989. *NIV Compact Dictionary of the Bible* [Compacto Dicionário NIV da Bíblia]. Grand Rapids, Michigan: Casa de Publicações Zondervan.

Elder, Danny; e John Pernetta. 1991. *Oceans* [Oceanos]. Londres: Publicações de Micthell Beazley.

Famighetti, Robert. 1996. *The World Almanac and Book of Facts 1996* [Almanaque Mundial e Livro de Eventos Ano 1996]. Mahwah, Nova Jersey: Livro Almanaque Mundial.

Gross, M. Grant. 1993. *Oceanography, a View of Earth* [Oceanografia, Uma Visão da Terra]. Sexta Edição. Englewood Cliffs: Prentice-Hall S.A.

Hickman, Cleveland P.; e Outros. 1979. *Integrated Principles of Zoology* [Princípios Integrados da Zoologia]. Sexta Edição. St. Louis: Companhia C.V. Mosby.

Al-Hilali, Muhammad T.; e Muhammad M. Khan. 1994. *Interpretation of the Meanings of The Noble Quran in the English Language* [Interpretação dos Significados do Sagrado Alcorão em Língua Inglesa]. Quarta Revisão, Riyadh: Editora Dar-us Salam.

The Holy Bible, Containing the Old and New Testaments (Revised Standard Version) [A Bíblia Sagrada, Contendo Novo e Velho Testamento (Versão Padronizada e Revisada)]. 1971. Nova York: William Collins Filhos & Companhia Ltda.

Ibn Hesham, Abdul-Malek. *Al-Serah Al-Nabaweyyah* [Al Serah Al – Nabaweyyah]. Beirute: Dar El-Marefah.

Departamento de Assuntos Islâmicos, Embaixada da Arábia Saudita, Capital Washington, 1989. *Understanding Islam and the Muslims* [Entendendo Islã e os Muçulmanos]. Capital Washington: Departamento de Assuntos Islâmicos, Embaixada da Arábia Saudita

Kuenen, H. 1960. *Marine Geology* [Geologia Marinha]. Nova York: John Wiley & Filhos S.A.

Leeson C. R.; e T. S. Leeson. 1981. *Histology* [Histologia]. Quarta Edição. Filadélfia: Companhia W.B. Saunders.

Ludlam, F.H. 1980. *Clouds and Storms* [Nuvens e Trovões]. Londres: Editora Universidade do Estado da Pensilvânia.

Makky, Ahmad A.; e Outros. 1983. *Ee'jaz al-Quran al-Kareem fee Wasf Anwa' al-Riyah, al-Sohob, al-Matar* [Ee Jaz Al-Quran Al-Kareem fee Was Anwa' al Riaah, al-Sohob, al-Matar]. Meca: Comissão de Sinais Científicos de Alcorão e da Sunnah.

Miller, Albert; e Jack C. Thompson. 1975. *Elements of Meteorology* [Elementos da Meteorologia]. Segunda edição. Columbus: Companhia Publicações Charles E. Merrill.

Moore, Keith L.; E. Marshall Johnson; T.V.N. Persaud; Gerald C.Goenringer; Abdul-Majeed A. Zindani e Mustafa A. Ahmed. 1992. *Human Development as Described in the Quran and Sunnah* [Desenvolvimento Humano Conforme Descrito no Alcorão e na Sunnah]. Meca: Comissão de Sinais Científicos do Alcorão e da Sunnah.

Moore, Keith L.; A.A. Zindani; e Outros. 1987. *Al-E'jaz al-Elmy fee al-Naseyah* [Al E'jaz Al-Elmy fee al-Naseyah (Os Milagres Científicos em Frente a Cabeça)]. Meca: Comissão de Sinais Científicos do Alcorão e da Sunnah.

Moore, Keith L.; e T.V.N.Persaud. 1983. *The Developing Human, Clinically Oriented Embryology, With Islamic Additions* [O Desenvolvimento Humano, Embriologia Clinicamente Orientada]. Terceira edição. Jeddah: Dar Al-Qiblah.

Moore, Keith L.; e T.V.N.Persaud. 1993. *The Developing Human, Clinically Oriented Embryology* [O Desenvolvimento Humano, Embriologia Clinicamente Orientada]. Quinta Edição Filadélfia: Companhia W.B. Saunders.

El-Naggar, Z.R. 1991. *The Geological Concept of Mountains in the Quran* [O Conceito Geológico das Montanhas no Alcorão]. Primeira Edição. Herndon: Instituto Internacional do Pensamento Islâmico.

Neufeldt, V. 1994. *Webster's New World Dictionary* [Novo Dicionário Mundial da Webster]. Terceira Edição Universitária. Nova York: Pavilhão Prentice.

The New Encyclopaedia Britannica [A Nova Enciclopédia Britânica], 1981. 15ª edição. Chicago: Encyclopaedia Britannica.

Noback, Charles R.; N.L. Strominger; e R.J. Demarest. 1991. *The Human Nervous System, Introduction and Review* [O sistema Nervoso Humano, Introdução e Revisão]. Quarta edição Filadélfia Lea & Febiger.

Ostrogorsky, George. 1969. *History of the Byzantine State* [História do Estado Bizantino]. Traduzido do Alemão por Joan Hussey. Revisado ed. Nova Brunswick: Editora da Universidade de Rutgers.

Press, Frank; e Raymond Siever. 1982. *Earth* [Terra]. Terceira Edição. São Francisco: W.H. Freeman e Companhia.

Ross, W.D.; e Outros. 1963. *The Works of Aristotle Translated into English* [Os trabalhos de Aristóteles Traduzidos para o Inglês: Meteorológico]. Volume Três. Londres: Editora Universidade de Oxford.

Scorer, Richard; e Harry Wexler. 1963. *A Colour Guide to Clouds* [Um Guia Colorido sobre Nuvens]. Robert Maxwell.

Seeds, Michael A. 1981. *Horizons, Exploring the Universe* [Horizontes, Explorando o Universo]. Belmonte: Companhia Publicação Wadsworth.

Seeley, Rod R.; Trent D. Stephens; e Philip Tate. 1996. *Essentials of Anatomy & Physiology* [A Essência da Anatomia e Fisiologia]. Segunda Edição, St Louis: Livro Anual Mosby.

Sykes, Percy. 1963. *History of Persia* [História da Pérsia]. Terceira edição.; Londres: Macmillan & CO Ltda.

Tarbuck, Edward J. e Frederick K. Lutgens. 1982. *Earth Science* [Ciência da Terra]. Terceira edição. Columbus: Companhia de Publicação Charles E. Merrill.

Thurman, Harold V. 1988. *Introductory Oceanography* [Oceanografia Introdutória]. Quinta edição. Columbus: Companhia de Publicação Merrill.

Weinberg, Steven. 1984. *The First Three Minutes, a Modern View of the Origin of the Universe* [Os Primeiros Três Minutos, Uma Visão Moderna sobre a Origem do Universo]. Quinto Lançamento; Nova York: Livros Bantam.

Al-Zarkashy, Badr Al-Deen .1990. *Al-Borhan fee Oloom Al-Quran* [Al-Borhan Fee Al- Quran]. Primeira Edição; Beirute: Dar el-Marefah.

Zindani, A.A. *This is the Truth* [Esta é a Verdade (fita de vídeo)]. Meca: Comissão de Sinais Científicos do Alcorão e da Sunnah.

A NUMERAÇÃO DOS HADICES

A numeração dos *hadices*[1] neste livro é baseada nas seguintes:

- *Saheek Muslim:* De acordo com a enumeração de Muhammad F. Abdul-Baqy.
- *Saheed Al Bukhari:* De acordo com a enumeração da *Fath Al-Bari.*
- *Al-Tirmizi:* De acordo com a enumeração de Ahmad Shaker.
- *Mosnad Ahmad:* De Acordo com a enumeração de Dar Ehya' Al-Torah Al-Araby, Beirute.
- *Mowatta' Malek:* De acordo com enumeração de *Mowatta' Malek.*
- *Abu-Dawood:* De acordo com enumeração de Muhammad Muhyi Al-Deen Abdul-Hameed.
- *Ibn Majah:* De acordo com enumeração de Muhammad F. Abdul-Baqy.
- *Al-Daremey:* De acordo com enumeração de Khalid Al-Saba Al-Alamy e Fawwaz Ahmad Zamarly.

---

1) Um Hadice (*hadeeth*) é um Dito comprovado   transmitido pelo sagrado Profeta Muhammad ﷺ (Que a Paz esteja com ele) aos seus companheiros sobre o que ele fez, disse ou considerou permitido.